Road to Well-off
Society

小康之路

小康之路 综述篇

主编 武 力 肜新春 著
顾问 静瑞彬

Road to Well-off Society
General Introduction

北京时代华文书局

图书在版编目（CIP）数据

小康之路．综述篇／武力主编； 肜新春著．
-- 北京 ： 北京时代华文书局， 2013.11
ISBN 978-7-80769-135-8

Ⅰ．①小… Ⅱ．①武… ②肜… Ⅲ．①小康建设－概况－中国
Ⅳ．① F124.7

中国版本图书馆 CIP 数据核字 (2013) 第 256740 号

小康之路 综述篇

主编 武 力 肜新春 著

顾问 静瑞彬

出 版 人	田海明 周殿富	**策 划**	林清发	
特约编审	宋启发	**项目统筹**	余 玲	
责任编辑	余 玲 徐敏峰	**装帧设计**	程 慧	
内文制作	段文辉			

出 版 时代出版传媒股份有限公司 http://www.press-mart.com
　　　　 北 京 时 代 华 文 书 局 http://www.bjsdsj.com.cn
　　　　 北京市东城区安定门外大街 138 号皇城国际大厦 A 座 8 楼 邮编： 100011

发 行 北京时代华文书局图书发行部 （010）64267120 64267397

印 制 北京京都六环印刷厂 （010）89591957

规 格 700mm×1000mm 1/16

印 张 11

字 数 102 千字

版 次 2013 年 12 月第 1 版 2017 年 10 月第 2 次印刷

书 号 ISBN 978-7-80769-135-8

定 价 65.00 元

总　序

所谓"小康"，是20世纪80年代初中国伟人邓小平借用中国古代传统文化中的"小康"概念（"政教修明，人民康乐之世"和"略有资产，足以自给之境"）而提出的中国改革开放发展目标。而这套图书所要讨论和介绍的"小康之路"，就是指从改革开放之初1978年中国人均收入不到200美元（按当年人民币于美元的汇率计算，下同），达到2012年人均收入6100多美元这个建设"小康社会"的奋斗历程。

一

中国政府在20世纪80年代初提出"小康社会"概念和目标不是偶然的，而是有深刻的历史原因和现实需要的。1840年以后，中国这个有着悠久历史和灿烂农业文明的东方大国，遭遇了工业文明与西方资本主义列强的入侵，并一步一步地沦为半殖民地、半封建社会，饱受帝国主义列强的侵略、压迫和剥削，陷入积贫积弱、任人宰割、民不聊生的境地。在随后的100多年里，中国人民经过艰苦卓绝的奋斗，经过几代人的流血牺牲，终于在1949年取得了反帝、反封建的革命胜利，建立了中华人民共和国，重新屹立在世界东方。

新中国成立后，中国人民的首要任务由革命转变为建设，必须尽快实现工业化，改变中国在经济上贫穷落后的面貌，只有这样，才能实现真正的独立，才能实现中华民族的伟大复兴。为此，中国为了实现赶上和超过资本主义发达国家的目标，选择了社会主义工业化道路，并预期这种经济体制可以保障中国经济发展的速度会远远高于西方发达国家，从而提出用50年左右的时间，在20世纪末实现"四个现代化"，即工业、农业、科技、国防的现代化。但是计划经济并不尽人意，虽然在人均收入极低水平条件下保证了"高积累"和社会稳定，实现了建立独立工业体系和保障国家安全的目标，但是体制的弊病从一开始就如影随形，显示出它不适合中国经济发展极端不平衡的国情，不利于调动各种积极因素，尤其是不利于发挥人力资源丰富的优势。

到1978年中国实行改革开放前，中国仍然没有解决贫困问题，人均收入不到200美元。这显然不符合社会主义的根本目标，也使得50年代提出的在20世纪末实现"四个现代化"、赶上和超过世界发达国家的目标不可能实现，而继续沿用这个目标，则必然导致在经济上继续急于求成、脱离实际。新中国成立以来出现的经济体制、方针、政策变革失误和经济发展中的大起大落，根本原因就是"急于求成"，经济和社会发展目标定得太高，脱离了国情。因此，当1978年以后中国共产党实行"以经济建设为中心"的基本路线后，正确评估中国的实际发展水平和条件，制定正确的发展目标就非常重要了。正是在这个背景下，中国改革开放总设计师邓小平提出了"小康社会"的概念和目标。

二

"小康社会"的概念和目标自20世纪80年代初提出以后，30多年里，随着中国经济和社会的发展，以及中国共产党和政府的认识深化，其内涵也与时俱进，不断发展、丰富和完善。1981年邓小平提出：在20世纪末我们肯定不能达到日本、欧洲、美国和第三世界中有些发达国家的水平。到20世纪末，我们只能达到一个小康社会，我们设想在1980年人均国民收入250美元的基础上，10年翻一番，两个10年翻两番，就是达到人均国民生产总值1000美元，如果800，也可以算是小康生活了。① 这个设想被1982年的中共十二大所接受。

到20世纪末，当邓小平在80年代初提出的"小康社会"目标基本

---

① 《邓小平思想年谱》（1975—1977），中央文献出版社，1998，第187~188页。

实现以后，2002年召开的中共十六大，又根据中国的国情以及与世界发达国家的差距，提出："中国人民生活总体上达到小康水平，但也要看到，中国人均GDP还比较低，同世界发达国家相比差距还很大，甚至同一些比较富裕的发展中国家相比也有较大差距。中国地域辽阔，发展很不平衡，中西部欠发达地区特别是贫困地区同东部沿海发达地区的发展差距还很大。即使在东部沿海省份，大城市与山区、农村之间，发展水平也还有不小差距。我们现在的小康，总的来说，还是低水平、不全面的，发展很不平衡的小康。"[1] 因此，十六大提出21世纪的头20年为"全面建设小康社会"时期，并要求："我们要在本世纪头二十年，集中力量，全面建设惠及十几亿人口的更高水平的小康社会，使经济更加发展、民主更加健全、科教更加进步、文化更加繁荣、社会更加和谐、人民生活更加殷实。"为了实现这个目标，中国共产党提出了"以人为本"的科学发展观和促进国民经济健康发展、建立和谐社会的多项重大举措。

2012年，中共十八大在21世纪第一个10年所取得巨大成就的基础上，又提出2020年"全面建成小康社会"新要求：（1）实现经济持续健康发展。2020年国民经济总量和城乡居民人均收入均比2010

---

① 《江泽民文选》第3卷，人民出版社，2006，第416页。

年"翻一番"。（2）人民民主不断扩大。法治政府基本建成。（3）文化软实力显著增强。公共文化服务体系基本建成，文化产业成为国民经济支柱性产业。（4）人民生活水平全面提高。基本公共服务均等化总体实现。教育现代化基本实现。（5）资源节约型、环境友好型社会建设取得重大进展。生态系统稳定性增强，人居环境明显改善。为此，中共十八大对经济、政治、文化、社会、生态文明"五位一体"的全面建设提出了具体的规划和要求。这也是这套图书设立经济篇、政治篇、文化篇、社会篇、生态文明篇及综述篇6个分册的原因。

三

从改革开放初期提出"小康社会"目标至2012年中共十八大提出"全面建成小康社会"的30多年里，中国逐步实现了自己的发展设想。在一个有着13亿人口的大国，在30多年的时间里实现了人均收入增长30多倍的发展奇迹，是人类社会发展历史上空前的伟大变革。其中成功的秘诀，我们认为，就在于中国实行了"中国特色社会主义"的理论、道路和制度。换句话说，中国在这30多年里，充分运用了市场这只"看不见"的手和政府这只"看得见"的手"双轮驱动"，既发挥了市场机制在资源配置方面的基础性作用，使得劳动、技术、管理、资本等活力迸发出来，又发挥了中国共产党和政府的主导社会发展和弥补"市场失灵"的作用，较好地处理了改革、稳定、发展三者的关系。

由于中国人口多、人均资源少、环境脆弱，中国虽然达到了人均收入6000多美元的中等收入水平，但是要在2020年实现全面建成小康社会的宏伟目标，还面临着很多困难和挑战，例如：必须解决好政府与市场的关系，实现政府经济职能的转变；必须解决好资源和环境对发展的制约，实现资源节约型、环境友好型的可持续发展；必须解决好城乡之间、区域之间发展不平衡和居民收入差距过大问题，实现社会和谐、共同富裕。为此，中国共产党十八届三中全会通过了《中共中央关于全面深化改革若干重大问题的决定》，为全面建成小康社会，提出了全面深化改革，加强经济、政治、文化、社会、生态文明和中国共产党自身建设六个方面的新思想、新战略、新举措，从而为全面建成小康社会提供新的动力和活力，创造不竭的改革红利和广阔的发展空间。

总之，中国人民所具有的实事求是、与时俱进、勤劳苦干、善于学习、愿意合作的精神，以及不断深化改革的勇气和智慧，将使全面建成小康社会的梦想一定能够在2020年实现。

武 力

2013 年 11 月

目　录

小康之路 综述篇

一、毛泽东为小康社会奠定基础

人类从茹毛饮血的荒蛮时代发展到如今高度文明的社会，已经走过了上万年的历史，沧海桑田的变迁，其实是人类追求文明、进步的征程。摆脱愚昧落后不平等、追求文明富裕平等是每个时代的最高理想。在这一过程中，古今中外的仁人志士留下了宝贵的文化遗产，既有西方乌托邦式的"太阳城"，也有春秋时代的"大同梦"；既有最高理想的共产主义设计，也有符合历史发展阶段的小康社会追求……理想与现实的交织奏出了华丽的时代乐章。令人瞩目的是，中国小康社会的理念和实践随着改革开放的巨大成就已经赢得越来越多的共鸣，中国的和平崛起无疑为世界的和谐发展提供了一个新的路径。

小康社会是中华儿女的理想和追求

自古而今，追求繁荣富裕、和谐平等是人类的共同梦想，不论是中华子民抑或是欧陆邻邦，在他们中间涌现出的智者贤达都有对美好社会的精心设计，这些关于"大同社会"、"空想社会主义"、"科学社会主义"等概念的存在显然是"小康社会"的思想源头和文化支撑。

1.中国也曾创造出灿烂的古代文明

从公元1000年至公元1500年期间，中国的农业生产力、工业技术、商业、都市财富和生活水准等方面都超过欧洲，中国文明始终走在世界文明前列。中国传统社会的政治、经济、意识形态结构，基本适应了当时中国社会的发展水平。独特的地理环境造就了中国"天朝上国"的大国地位，其西北面是崇山峻岭和茫茫的大漠，东南面是一望无际的太平洋，天然的地理屏障使中国人常以世界中心自居，俯视周边经济和文化落后的土著和夷人，发达的经济和文化成为维系"朝贡贸易体系"的基石，由于隔山、隔海，"闭关锁国"的清王朝并不了解西方文明的发达和威胁。古老的中国由于无法有效地吸收先进的西方文明，只能被远远地甩在资本主义的身后。

实际上，在1400～1800年这一时期，"世界经济依然主要是笼罩在亚洲的影响下"。在亚洲，中国又是最强大的国家。1400年，中国与西欧的人均产值和人均收入大体相同。到1750年，欧洲生活水准最发达地区的人均收入为198美元，而中国为210美元。18世纪中国人均生活水平高于法国、普鲁士和日本。1500～1750年间，中国拥有亚洲和世界上最先进和最复杂的经济。不仅手工业技术先进，而且经济组织复杂。其次，中国形成了一个辐射几乎整个东亚地区的纳贡体系，这一体系是以商业交换为基础，与商业贸易关系网络并存和统一的。①

吉尔伯特·罗兹曼也认为，在17世纪以前，"世界上无论哪个国家要想在下列指标上与中国争个高低，都是很困难的，有些史学家甚至认为这简直是不可能的。这些指标是：高额的人均收入，或者

---

① 赵凌云：《全球化时代的世界史观与中国的世界历史意义》，温锐主编：《政府、市场与经济变迁》，江西人民出版社，2007，第52～53页。

说有争取分享这种收入的均等机会；很高的国民识字率；精湛的技艺和精细的制作；高度发达的商业，还有使得文明一词具有显赫而辉煌内容的一切外部标志……""（传统的中国社会）存在着职业的多样化，高识字率，社会流动，契约关系和市场交换。……何况中国文明的重大成就本身就似乎包含着明显的现代特征，如市场力量从来就占据优势，较低或适度的税收没有严重地限制社区或家庭选择自由；以成就取人的伦理观广泛盛行"。① 显然，到18世纪，中国已是一个正接近顶峰的非凡的前现代社会。按照安各斯·麦迪森的测算，在1700~1820年间，中国的（国内生产总值）GDP在世界GDP中所占的比重从23.1％提高到了32.4％，年增长率达0.85％；而整个欧洲的GDP在世界GDP中所占的比重仅从23.3％提高到了26.6％，年增长率为0.21％。②

最近10年的研究表明中国在1840年以前的农业可以说是接近传统农业发展的顶点（这里所说的"传统农业"，是指现代工业及科学技术产生和影响农业之前的凭畜力、经验和天然肥料耕作的农业），由于它的生产水平已经能够养活众多的人口，而在耕地资源难以增

① [美]吉尔伯特·罗兹曼：《中国的现代化》，江苏人民出版社，1988，第20页。
② Angus Maddison, *Chinese Economic Performance in the Long Run*, Development Centre of The Ogranisation for Economic Co-Operation and Development（Paris），1998，p25、40.

加的条件下，就部分人来说，可以通过增加占有和转让耕地的使用费来增加收入，但是从总体上说，众多人口提高生活水平的要求和欲望，就不得不通过提高单位面积产量和兼业来实现。以雇农、贫农、自耕农为主体的小规模的家庭经营就成为农业生产组织的主要形式，而耕地单位面积上的高投入和高产出，则成为明清以来中国传统农业的特点，并由此创造出高度发达的农业文明，即以传统农业为基础的流通交换制度和规模政治制度以及中央政府的有效控制范围、文化，等等。

大量农业剩余的存在，为手工业和商业的发展提供了基础，社会分工的扩大和商品经济的发展促进了地主制经济的发展和繁荣，但是它的进一步发展又是对自然经济的否定，它的过度发展必然会危及租佃制地主经济的基础，动摇中央集权封建国家的根本。正如马克思所说："商业对各种已有的、以不同形式主要生产使用价值的生产组织，都或多或少地起着解体的作用。" 由于商品经济的发展是社会生产力的体现，这种经济力量不是封建国家政权可以任意抑制其发展的，所谓"今法律贱商人，商人已富贵矣；尊农夫，农夫已贫贱矣！" 因此，封建国家政权除了通过赋税、政治歧视等手段外，还试图通过官营、专卖等手段，将商品经济限制在一定的范围内。正是在自然经济和商品经济的这一矛盾运动中，官营工商业得到了充分发展。官营工商业的产生和发展，一是为了增加财政收入，扩大集权国家的经济力量，二是抑制商品经济的发展，巩固以农业为主的地主制经济，而后者可能更重要。

在以资本主义为代表的工业文明影响和进入中国之前，中国的社会经济基本上是呈现出一种周期性的恢复、发展和繁荣、停滞、衰退然后再进入恢复阶段这样一个动态稳定的发展。这种周期性的发展在政治上的表现，就是朝代的更替，即一个朝代所经历的建立和巩固阶段、发展和昌盛阶段、政治腐败和社会矛盾激化阶段、大规模战争和改朝换代阶段。经济和政治的兴衰的深层原因是土地占有关系的变化，即土地由自耕农为主的分散占有逐步向官僚和地主手中集中。这种土地的逐步集中，一方面造成官僚和地主的奢侈腐败，另一方面则使农民难以维持简单再生产，直至在天灾人祸的频繁冲击下，引发大规模的上述现象导致农民起义。鸦片战争以后，随着外国资本主义侵略的加深和政府及民间引进资本主义生产方式，中国的经济结构逐渐由过去单一的地主占统治地位变成地主经济、外国在华经济、官僚资本占统治地位，由封建经济衍变成半殖民地、半封建经济。而这种经济形态又阻碍了中国的现代化。

实际上，资本主义工业文明的形成和发展在19世纪中叶以前，如果以英国的"光荣革命"为标志，已经经历了200年的时间；如果以欧洲文艺复兴和哥伦布发现新大陆算起，已经经历了350年的时间。只不过到19世纪中叶，欧美这些率先发展资本主义的国家，通过第一次工业革命，使得生产力和向全球扩张的能力空前提高，中国已经无力抵御这种冲击了。

表1.1 欧洲、中国和世界其他主要地区GDP/人均GDP比较

单位：十亿，1990年国际元

	中国	日本	欧洲	美国	苏联	印度	全世界
1700	82.8/ 600	15.4/ 570	92.6/ 923	0.5/ 527	16.2/ 610	90.8/ 550	371.4/ 615
1820	228.6/ 600	20.7/ 669	184.8/ 1090	12.5/ 1257	37.7/ 688	111.4/ 533	694.5/ 667

资料来源 [英]安格斯·麦迪逊：《中国经济的长期表现（公元960-2030年）》，上海人民出版社，2008，第36页图表整理。

表1.2 欧洲、中国和世界其他主要地区GDP/人均GDP增长率比较

年平均混合增长率（%）

	中国	日本	欧洲	美国	苏联	印度	全世界
1700- 1820	0.85/ 0.00	0.25/ 0.13	0.58/ 0.14	2.72/ 0.72	0.69/ 0.10	0.17/ -0.03	0.52/ 0.07
1820- 1952	0.22/ -0.10	1.74/ 0.95	1.71/ 1.05	3.76/ 1.61	2.05/ 1.11	0.56/ 0.13	1.64/ 0.93

资料来源 [英]安格斯·麦迪逊：《中国经济的长期表现（公元960-2030年）》，上海人民出版社，2008，第37页图表整理。

表1.3 欧洲、中国和世界其他主要地区GDP分布（%）

	中国	日本	欧洲	美国	苏联	印度
1700	22.3	4.1	24.9	0.1	4.4	24.4
1820	32.9	3.0	26.6	1.8	5.4	16.0

资料来源 [英]安格斯·麦迪逊：《中国经济的长期表现（公元960-2030年）》，上海人民出版社，2008，第36页图表整理。

2.饱经磨难的旧中国

辛亥革命的胜利，使晚清统治终于瓦解，新兴资产阶级登上历史舞台，但是，近代中国仍旧饱受磨难，相继出现了袁世凯独裁，军阀割据，第一、二次国内战争，日本侵华以及解放战争的艰难局面，中国人民在寻找和平、富裕的发展道路上充满艰辛。

中国民主革命先行者孙中山对先进资本主义国家经济发展利弊做过近距离观察，因此在其"民生主义"主张中特别注意防止资本主义的种种弊端。他认为必须"节制私人资本，发达国家资本"，将铁路、电力、矿山等实业及有独占性质的企业交由国家经营，以发达国家资本。如此，一方面可以国家之力迅速发展生产力，富民强国；另一方面又可用生产资料国有制的方法"防资本家垄断之流弊"。^①对于适于个人经营的企业，孙中山认为可以听任个人经营，并由国家进行奖励和保护，但应用累进税率征收所得税、遗产税，同时辅以社会救济、工厂立法之类的改良主义措施，以节制私人资本。可见，节制资本的实质是由国家调节资本，限制私人资本活动的范围、力量与作用，大力发展国家资本和国有经济，并不损害资本家的现有利益，更不是将私人资本变为国家资本。

孙中山逝世后，南京政府以孙中山信徒自居，开始在"节制资本"名义下敛聚官僚资本。官僚资本是半殖民地半封建的中国政府凭借国家政权力量而发展起来的买办的封建的国家垄断资本，"是半殖民地半封建社会的一种特殊形式的垄断资本"^②。它产生于洋务运动时期，其发展经历了清政府统治时期—北洋军阀时期—国民党统治时期。以蒋(介石)、宋(子文)、孔(祥熙)、陈(立夫与果夫)四大家族为代表的官僚资本，是中国官僚资本的典型形态。1947年12月，毛泽东指出："蒋宋孔陈四大家庭，在他们当权的二十年中，已经集中了价值达一百万万至二百万万美元的巨大财产，垄断了全国的经济命脉。"^③1927年南京国民政府的成立，是四大家族官僚资本产

---

① 《民生主义和社会革命》，《孙中山选集》上卷，人民出版社，1956，第88页。
② 李维汉：《统一战线问题与民族问题》，人民出版社，1981，第320页。
③ 《毛泽东选集》第4卷，人民出版社，1991，第1253页。

2013年10月1日，国庆期间，孙中山画像亮相天安门广场。

生的必要前提。蒋、宋、孔、陈四大家族官僚资本正是直接利用这个政权的势力发展起来的，其主要手段除接收北洋政府的国家经济外，还有强行收购或参股民间企业、直接投资设厂、增加赋税、发行公债和举借外债等。

国民党政府征收的赋税，名目繁多，不可胜数。大体说来，中央财政收入主要是关税、盐税以及货物税、印花税等其他收入，地方财政收入主要是田赋和营业税。国民党政府还以"裁（撤）厘（金）加税"为名，对主要工业产品课征一种新的税目，即统税。名义上是统一征税，实际上并未取消各种苛捐杂税。关税、盐税和统税成为国民政府财政收入的三大支柱，1927年三税合计占全部税收收入的84.6%，1936年占到95.5%[①]。这三项税收的负担，最终都落在广大劳动人民身上。田赋及其附加税的征收也比北洋军阀统治时期大大增加。国民党政府还沿袭了北洋军阀的预征制，田赋的预征至几年甚至几十年。

大量发行公债是四大家族掠夺财富的又一重要手段。1927年至1937年的十年之内，国民党政府所发的公债达26亿元以上，等于北洋军阀统治中国15余年所发行公债数的4倍多[②]。国民党政权建立

---

① 赵德馨：《中国近现代经济史（1842-1949）》，河南人民出版社，2003，第243页。
② 千家驹：《旧中国发行公债史研究》，《历史研究》1955年第2期。

后，不仅承认历届反动政府的外债，保证清偿，而且不断向帝国主义举借新债。据统计，从国民党政府成立到抗日战争开始为止，共借了14种外债。这些外债的用途主要都是用于内战，维护国民党政府的独裁统治，而不是经济建设。

官僚资本的核心是金融资本，垄断全国经济命脉的关键性环节是金融垄断。蒋介石的统治建立后，立即凭借国家权力从事金融垄断活动。据1937年《全国银行年鉴》记载，1936年四大银行在全国164家本国银行中，实收资本占42%，资产总额占59%，发行兑换券占78%，纯益占44%[①]。这标志着国民政府金融垄断体系基本形成。四大家族凭借雄厚的金融力量和政治权力，展开了对工业、商业、农业、交通运输等国民经济其他部门的垄断活动。

四大家族在垄断金融的同时，还利用自己的政治特权，依靠雄厚的金融力量，从事大规模的商业投机活动。外汇和对外贸易是由四大家族垄断的。毛泽东在分析四大家族官僚资本的性质及其特点时指出："这个垄断资本，和国家政权结合在一起，成为国家垄断资本主义。这个垄断资本主义，同外国帝国主义、本国地主阶级和旧式富农密切地结合着，成为买办的封建的国家垄断资本主义。这就

---

① 赵德馨：《中国近现代经济史（1842-1949）》，河南人民出版社，2003，第194页。

是蒋介石反动政权的经济基础。"[①]

周期性的世界经济危机严重影响了中国的进出口贸易，并加剧了中国的农业危机。中国出口多为农产品和初级产品，而世界经济危机中各国此类商品积压严重，加上日本在中国境内大规模的商品走私，使中国出口困难。

表1.4　中国贸易中的主要商品（1937年）

单位：千元人民币

出口		进口	
项目	总额	项目	总额
木油	89846	纸	56498
生丝	56598	煤油	47860
鸡蛋	54382	大米	40781
钨	40759	羊毛制品	35000
锡	39917	汽油	27613
刺绣品	36900	木材	23239
原棉	31301	棉织品	21710
茶叶	30787	糖	21471
猪鬃	27921	纺织机械	20986

---

① 《毛泽东选集》第4卷，人民出版社，1991，第1253页。

出口		进口	
项目	总额	项目	总额
羊毛	19427	汽车、卡车	19096
丝匹	17728	烟叶	19449
胡桃油	17332	液态燃油	14968
煤炭	13044	铁路设施	13946
兽皮	12602	钢铁	17096
锑	11446	渔业	13823
		电子机械	4681
总出口	880010	总进口	953386

资料来源 [英]安格斯·麦迪逊:《中国经济的长期表现（公元960—2030年）》,上海人民出版社,2008,第51页图表整理。这些数据不包括伪"满洲国"的进出口额。

3.日本侵华破坏中国现代化进程

1935年底之后,随着世界经济危机的消退和中国币制改革作用的发挥等原因,中国的民族经济又逐渐恢复繁荣起来。但是由于1937年日本发动全面侵华战争,中国现代化的进程被打断,经济发展受到极大的破坏。据统计,仅在抗战初期,中国就丧失了90%左右的近代工矿业,2/3以上的交通运输线和占全国财政收入85%以上的地区。据估算,1914年至1934年间,中国经济年均增长率为2%～2.5%。按此推算,如果不发生这场战争,1933年至1953年中国大陆国内生产总值应增长1.63倍，而实际上这一时期只增长了28%。这就是说，日本的侵略至少使中国工业化的进程延误了20年时间之久。[①] 抗日战争时期国统区的经济，仍是中国人民与日本帝国主义抗衡的物质力量，不仅维系了国民党的统治，也是抗日战争胜利的不可或缺的重要基础。

第二次国共合作后，红军控制的陕甘宁地区改为陕甘宁边区，直属国民政府领导，辖有23个县，人口约150万；红军改编为八路军、新四军，分别在华北、华中展开游击战，积极扩展根据地。至1945年春，包括陕甘宁边区在内，由中共领导的敌后抗日根据地共18块，总面积为95万平方公里，人口9550余万[②]。

中国共产党领导的抗日民主根据地大都建立在条件异常艰苦、经济非常落后的山区和农村，绝大多数人口是贫农和中农，农业生产薄弱，工业生产近乎空白，手工业生产也只是一些简陋的手工作坊，人民生活普遍贫困。据不完全统计，在抗日战争中仅晋察冀边区被日本侵略者杀害709899人，被抢掠和勒索粮食13322209168公斤，房屋损失2566695间，牛马骡驴损失630222头，猪羊损失3703086只，农具家具损失26211357件，被抓壮丁505000人，碉堡

---

① 罗荣渠：《现代化新论》，北京大学出版社，1993，第317页。
② 中共中央党史研究室：《中国共产党历史》 第1卷，中共党史出版社，2011，第633页。

公路封锁沟墙占地15052800公亩[①]。

日本帝国主义从制造"七七事变"到攻取武汉，16个月中侵占了中国包括华北、华中、华南100余万平方公里、1亿人口的广大地区。日本侵略者为了推行"以华治华"和"分而治之"的政策，每侵占一地，即在那里搜罗汉奸，建立伪政权。通过这些伪政权，日本间接或直接地对沦陷区的工业、农业、商业、金融、交通运输等各行各业进行全面掠夺，其魔爪伸向沦陷区城市和乡村的各个角落。日本在侵华战争中对沦陷区的经济掠夺，完全是以其军事侵略为基础的，因此带有极强的破坏性。这种掠夺还把沦陷区的经济强行拉入日本殖民经济体系中，成为日本经济的附庸。在日本"杀鸡取卵"式的野蛮掠夺下，沦陷区的经济日益残破，同时日本的国内经济也在盟军的反攻下更难以为继，越来越无法支撑这场侵略战争。

1945年9月，日本投降。

抗日战争的胜利，是中国人民100多年来第一次取得反对外来侵略斗争的完全胜利，成为中华民族由衰败到振兴的转折点，为中国的民族独立和人民解放奠定了基础。

---

① 李占才：《中国新民主主义经济史》，安徽教育出版社，1990，第163页。

中国共产党探索现代化建设之路

俄国十月革命给中国人民送来了马克思主义，中国共产党在马列主义思想的指导下，在完成对中国大陆的统一后，逐渐开始探索中国式现代化的建设道路。

1. 中国共产党统一全中国

抗战结束后，国共矛盾上升，为了赢得统治权，双方进行了一场你死我活的斗争。到1949年底，人民解放军基本解放大陆。1947年，中国共产党制定《中国土地法大纲》，一年中，1亿多农民获得了土地，消灭了农村的封建剥削制度。

1945年4月，中国共产党召开第七次全国代表大会。经过抗日战争的锻炼和根据地经济建设的经验，毛泽东在代表中共中央所作的政治报告和讲话中，提出抗战胜利后应建立"在无产阶级领导下而

'为一般平民所共有'的新民主主义国家"，重申了《新民主主义论》提出的经济结构和"节制资本"、"平均地权"政策。毛泽东还针对党内一些人关于是否应该提倡私人资本主义经济发展的疑问，特别论述了未来新中国允许资本主义经济发展的必要性，批评了试图从封建经济直接发展到社会主义经济的民粹派思想，提出"一定要让私人资本主义在不能操纵国民生计的范围内获得发展的便利"。[①]

1947年12月召开的中共中央扩大会议提出了新民主主义革命的三大经济纲领，即：没收地主的土地归农民所有；没收官僚资本归新民主主义国家所有；保护民族工商业。1948年9月召开的中共中央政治局扩大会议，则比较具体地讨论了未来新中国的经济制度和经济政策。在此基础上，1949年2月召开的中国共产党七届二中全会提出了比较明确的新中国经济纲领和政策，集中体现了当时中国共产党对即将建立的新中国经济体制的设想和政策依据。

七届二中全会以后，中国共产党又提出了"公私兼顾，劳资两利，城乡互助，内外交流"这个高度概括的新民主主义经济基本政策。由于上述政策包括了四个方面：即公私关系、劳资关系、城乡

---

① 《毛泽东选集》第3卷，人民出版社，1991，第978页。

关系、内外关系，八个对象：即公方（指党、国家和集体）、私方（指私营经济和个人利益）、工人、资本家、城市、乡村、国内、国外，因此又被简称为"四面八方"政策。

1949年9月召开的第一届中国人民政治协商会议接受了上述思想和建议，将这个政策写入《中国人民政治协商会议共同纲领》，从而规定了新中国的经济制度和基本经济政策。根据中共七届二中全会的思想和《共同纲领》的规定，新中国是一个无产阶级领导的、各革命阶级联合专政的新民主主义国家。

2.国体、政体及发展道路选择

1949年9月21日，中国人民政治协商会议第一届全体会议在北京开幕。会议一致通过起临时宪法作用的《中国人民政治协商会议共同纲领》，在其序言指出："中国人民民主专政是中国工人阶级、农民阶级、小资产阶级、民族资产阶级及其他爱国民主分子的人民民主统一战线的政权，而以工农联盟为基础，以工人阶级为领导。"在第一章总纲中也规定，"中华人民共和国为新民主主义即人民民主主义的国家，实行工人阶级领导的、以工农联盟为基础的、团结各民主阶级和国内各民族的人民民主专政"。①

1954年9月15日，第一届全国人民代表大会第一次会议在北京召开，标志着人民代表大会制度在全国范围内建立起来。这次会议通过的《中华人民共和国宪法》明确规定：中华人民共和国的一切权力属于人民；人民行使权力的机关是全国人民代表大会和地方各级人民代表大会，全国人民代表大会和地方各级人民代表大会都实行民主集中制。全国人民代表大会的成立和宪法的公布施行，开创了中国人民民主的全新阶段。

从鸦片战争以来的一百多年间，中国因经济落后受尽帝国主义列强欺凌，尽快实现工业化是几代中国志士仁人的共识，随着民主革命任务的完成，执政的中国共产党自然要将工业化置于首位。怎样实现中国的工业化？这是中国共产党在民主革命时期就开始考虑的重要问题。1945年4月，在延安召开的中共七大上，毛泽东即提出了中国实现工业化的迫切性。他说："没有工业，便没有巩固的国防，便没有人民的福利，便没有国家的富强。"同时论述了工业化与民主革命、与资本主义经济的关系。② 1949年3月，毛泽东在中

---

① 《中共中央文件选集》第18册，中共中央党校出版社，1992，第584～585页。
② 参见《论联合政府》,《毛泽东选集》第3卷，第2版，人民出版社，1991;《毛泽东在"七大"讲话集》，第1版，中央文献出版社，1994。

共七届二中全会上又提出中国工业化的实现必须以"节制资本"和"统制对外贸易"为前提。1949年6月,刘少奇在论述新中国的财政经济政策时指出:"中国要工业化,路只有两条:一是帝国主义;一是社会主义。历史证明,很多工业化的国家走上帝国主义的路。如果在没有工业化的时候,专门想工业化,而不往以后想,那是很危险的,过去日本和德国就是个例子。"①1949年12月,周恩来在论述新中国经济的几种关系时就说:"我们必须在发展农业的基础上发展工业,在工业的领导下提高农业生产的水平。没有农业基础,工业不能前进;没有工业领导,农业就无法发展。"②

3.探索中国式现代化之路

中国是在一穷二白的基础上开始的现代化建设,中国领导人对此十分清楚,面对一次次的挫折,建设现代化的发展目标始终没有改变。

中国开始大规模经济建设的起点是在1952年,这一时期中国的

---

① 《刘少奇论新中国经济建设》,中央文献出版社,1993,第139页。
② 《周恩来选集》下卷,人民出版社,1984,第10页。

国民收入与世界发达国家相比，还相当落后。1952年中国大陆的国民收入，只相当于同期美国国民收入的7.5%，苏联的31.6%，英国的53.8%，法国63.9%，西德的81.3%，但是超过了日本14.7%；如果从人均水平来看，差距就更大了，只相当于美国的2.3%，苏联的10.3%，英国的5.2%，法国的4.7%，西德的6.9%，日本的22.2%。从主要工业产品产量来看，就更落后了，当时煤炭产量仅相当于同期美国的7.4%，苏联的18.9%，英国的14.6%。至于发电量，只相当于同期美国的1.6%，苏联的6.1%，英国的9.7%，法国的18%，西德的12.9%，日本的14.1%，人均发电量则仅为美国的0.4%，苏联的2.2%，英国的8.4%，日本的20%。[①]毛泽东曾形象地说过，现在我们能造什么？能造桌子椅子，能造茶碗茶壶，能种粮食，还能磨成面粉，还能造纸，但是，一辆汽车、一架飞机、一辆坦克、一辆拖拉机都不能造。

1953年，中共中央正式提出过渡时期总路线，明确规定："过渡时期的总路线和总任务，是要在一个相当长的时期内，逐步实现国家的社会主义工业化，并逐步实现国家对农业、对手工业和对资本主义工商业的社会主义改造。"由于实行社会主义工业化与社会主义

---

① 根据《国外经济统计资料》，中国财政经济出版社，1979。

改造并举的方针，中国在进行社会主义改造的过程中，始终没有放松对于经济建设这个任务的努力。

1954年，发展国民经济的第一个五年计划制定出台，并于第二年的一届全国人大通过。1954年，周恩来在第一届全国人民代表大会第一次会议上，代表中央人民政府作《政府工作报告》，报告第一次提出了在我国建设现代化的工业、现代化的农业、现代化的交通运输业和现代化的国防的奋斗目标。

"一五"期间，在苏联的援助下，中国着重建设了一大批基础性的重点工程，为工业化奠定了初步的坚实基础。

1956年底，农业合作化基本完成，加入合作社的农户占全国农户的96.3%。与此同时，参加合作社的手工业人员已占全体手工业人员的91.7%，手工业的合作化也基本完成。

通过和平赎买的政策，在1956年底，全国私营工业户的99%、私营商业户的82.2%，都走上了全行业公私合营的道路。

经过这一系列的政策和措施，到1956年，社会主义基本经济制度在中国全面地建立起来了。

从1956年开始，以毛泽东为主要代表的中国共产党人，对中国社会主义建设道路进行了艰苦的探索，取得了积极的成果。1956年形成的《论十大关系》是马克思主义与中国实际相结合的重要论著，具有开创性的意义。1957年发表的《关于正确处理人民内部矛盾的问题》阐明了社会主义社会的重大理论问题。为加强党的思想、组织、作风建设，1957年还开展了整风运动和反右派斗争。

1957年"一五"计划的提前完成，极大地激发了全国人民的建设热情，由此产生了随后的"大跃进"和人民公社运动，使经济建设受到了破坏和挫折。1966年到1976年的"文化大革命"更是新中国成立以来最严重的挫折和损失。

尽管面临着一系列困难，中国现代化之路的目标从未改变。1964年，在三届人大一次会议的政府工作报告中，周恩来代表中央政府第一次宣布了两步走的现代化发展战略：从第三个五年计划开始，第一步，建立一个独立的比较完整的工业体系和国民经济体系；第二步，全国实现农业、工业、国防和科学技术的现代化，使中国经济走在世界的前列。[①]1975年1月，周恩来在四届人大政府工作报告中重申了"两步设想"：第一步，在1980年以前，建成一个独立的比较完整的工业体系和国民经济体系；第二步，在20世纪内，实现农业、工业、国防和科学技术的现代化。时任国务院副总理的邓小平在同年3月为了强调实现四个现代化的重要性，还特别

[①] 《周恩来选集》下卷，人民出版社，1984，第419页。

指出：距离把我国建设成具有现代农业、现代工业、现代国防和现代科学技术的社会主义强国从现在算起还有二十五年时间，全党全国都要为实现这个伟大目标而奋斗，这就是大局。[②]

---

② 《邓小平文选》第2卷，人民出版社，1994，第4页。

为小康社会全面奠基

新中国全面开始建设社会主义以来，尽管经历过严重的曲折，还是取得了重大的显著的成就。

1.基本建立了独立的、比较完整的工业体系和国民经济体系

从1952年至1978年，中国钢铁产量从140万吨增长到了3180万吨；煤炭产量从6600万吨增长到了61700万吨；水泥产量从300万吨增长到了650万吨；木材产量从1100万吨增长到了5100万吨；电力从70亿千瓦／小时增长到了2560亿千瓦／小时；原油产量从根本的空白变成了10400万吨；化肥产量从3.9万吨上升到了869.3万吨。到20世纪70年代中期，中国大陆还在生产大量的喷气式飞机，重型拖拉机，铁路机车和现代海船。

正是在这一时期内，中国从一个完全的农业国家变成了一个

以工业为主的国家。1952年，工业占国民生产总值的30％，农业占64％；而到1979年，这个比率颠倒过来了，工业占国家经济生产的72％，农业则仅占28％。毛泽东时代远非现在普遍传闻中所谓的经济停滞时代，而是世界历史上最伟大的现代化时代之一，与19世纪末开始迅速剧烈的工业化进程的俾斯麦和威廉一世的德意志帝国霍亨索伦王朝和明治天皇的日本帝国，20世纪30年代开始迅速剧烈的工业化进程的斯大林的苏维埃社会主义共和国联盟等几个现代工业舞台上的主要的后起之秀相比，中国的工业化过程也毫不逊色。[①]

到1978年底，经过近30年的发展，虽然中国还没有甩掉落后的帽子，进入世界发达国家的行列，仍然属于发展中国家，但是综合国力已经有较大提高，初步建立起独立的工业体系，解决了近10亿人口的吃饭问题，缩小了地区之间经济发展水平的差距。

1978年国民生产总值(GNP)为3588.1亿元，因为基本没有外国投资和在外投资，国内生产总值(GDP)亦为3588.1亿元；人均国民生产总值为375元人民币。在国民生产总值中，第一产业占28.4％，第二产业占48.6％，第三产业占23％；而从从业人员来看，第一产业则

---

① [美]莫里斯·迈斯纳：《毛泽东的中国及其身后：中华人民共和国史》，社会科学文献出版社，1992，第387页。

占70.5%，第二产业占17.4%，第三产业占12.1%。[①]1978年国民收入为3010亿元，人均国民收入为315元人民币，按照当年人民币与美元的汇率，为200美元。与发达国家相比，差距还较大，尤其是人均占有量，这可以从下表中看出。

1978年全社会企业固定资产原值为4488.2亿元，比1952年的240.6亿元增加了17.65倍，企业固定资产净值为3201.4亿元，比1952年的167.1亿元增加了19.16倍。[②]但是这点资产与今天相比，是很少的，因为据1998年4月底统计，仅全国上市企业股票的市值就达2万亿元，即使扣除通货膨胀因素，仍然不可同日而语。

表1.5　1978年国内生产总值及国民收入国际比较

国别	国内生产总值 （百万美元）	人均国内生产总值（美元）	国民收入 （百万美元）	人均国民收入（美元）[3]
中国[①]	227512.5	236	190857	196
印度	117592	184	110477	171
日本	973897	8476	821875	7093
巴基斯坦[②]	19727	257	20021	251
新加坡	7726	3316	——	——

---

① 《中国统计摘要(1995)》，中国统计出版社，1995。
② 财政部综合计划司：《中国财政统计(1950—1985)》，中国财政经济出版社，1987，第108~114页。

续表

国别	国内生产总值 (百万美元)	人均国内生 产总值(美元)	国民收入 (百万美元)	人均国民收入 (美元)
泰国	2843	484	20030	434
菲律宾	23439	506	21204	455
英国	309509	5545	276578	4949
法国	471563	8851	421870	7888
意大利	260108	4587	233513	4103
西德	638761	10419	568815	9275
瑞士	84547	13335	78669	12428
荷兰	130800	9383	118622	8455
南非	45663	1594	——	——
赞比亚	2808	513	2263	401
利比亚	19971	7262	17421	6091
突尼斯	5964	988	5641	910
澳大利亚	115797	8126	106407	7379
新西兰	18450	5917	16628	5363
加拿大	205272	8735	177947	7511
美国	2112365	9687	1877983	8514
墨西哥	92439	1413	81440	1174
巴西	188712	1635	175807	1482
苏联④	1715215	6565	640152	2424

注：① 按当年汇率100美元＝157.71人民币折算。② 国民收入大于国内生产总值，原书数字如此。③ 除中国按1997年年底人口计算外，其余国家都以1979年年中人口数计算。④ 国内生产总值来源于麦迪森：《世界经济二百年回顾》，改革出版社1997年版。根据该书，中国1978年的国内生产总值为1292770亿美元，人均1352美元，大大高于上表中的国内统计。

2.人民生活水平得到提高，文化、医疗、科技事业取得发展

中国共产党和人民政府始终十分关注人民群众的生活，把满足人民基本生活需要作为经济发展的根本目的。

粮食总产量从1949年的2263.6亿斤提高到1976年的5726.1亿斤，亩产从1949年的137市斤提高到1976年的316市斤，棉花总产量从1949年的888.8万担提高到1976年的4110.9万担，亩产量从1949年的22市斤提高到1976年的56市斤。[①]

全国总人口从1949年的5.4167亿增长到1976年的9.3717亿，人均粮食占有量从418市斤增加到615市斤。全国居民的人均消费水平，农民从1952年的62元增加到1976年的125元，城市居民同期从148元增加到340元。[②]初步满足了占世界1/4人口的基本生活需要。

新中国成立后在文化建设方面，扫除文盲、大力推广普通话，并加大对小学、中学和高等教育的投资。从1949年到1976年，小学校从34.7万所发展到104.4万所，在校生从2439万人发展到1.5亿人；中学校从4045所发展到19.2万所，在校生从103.9万人发展到5836.5

[①] 《中国农业年鉴（1980）》，农业出版社，1981，第35、36页。
[②] 《中国统计年鉴（1984）》，中国统计出版社，1984，第81、167、454页。

万人；高等学校从205所发展到434所，在校生从11.7万人发展到67.4万人。[①] 文学艺术工作在"百花齐放、百家争鸣"方针的指引下，在戏剧、电影、音乐、舞蹈、小说、散文和诗歌方面都涌现出大批优秀作品。音乐舞蹈史诗《东方红》代表了当时国家最高艺术水平。郭沫若、茅盾、范文澜、翦伯赞、巴金、老舍、曹禺、赵树理、徐悲鸿、齐白石、梅兰芳等一批社会科学家和文学艺术家，为繁荣国家的哲学社会科学研究事业和文化事业做出了重大贡献。

医疗事业也得到蓬勃发展。1949年到1976年，全国医院从2600家发展到6.3万家，其中县级以上医院7952家。医院床位从8万张发展到168.7万张，全国人口死亡率从20‰下降到7.25‰。[②] 在体育方面，从1956年到1976年，中国运动员先后有123人次打破世界纪录。

中国还成了一个主要的核强国，完成了洲际弹道导弹的发射。1964年中国第一枚原子弹试验成功，1967年生产了第一枚氢弹，1970年把一颗人造地球卫星发射进了轨道，1974年中国大陆制造出第一艘核潜艇下水。1975年，第一颗可回收人造卫星试验成功。这些成就表明，中国在尖端科技领域的某些方面正接近世界先进水平。1956年中国制定了第一个科学技术十二年发展规划，1963年又

[①] 《中国统计年鉴（1984）》，中国统计出版社，1984，第484、485页。
[②] 《中国统计年鉴（1984）》，中国统计出版社，1984，第514、516、517、83、95页。

1968年建成通车的南京长江大桥，是长江上第一座由中国自行设计和建造的双层式铁路、公路两用桥梁，曾以"世界最长的公铁两用桥"载入《吉尼斯世界纪录大全》。(刘建华摄/人民图片)

提前制定了十年发展规划。1949年成立了中国科学院，一些重要的现代科学分支和新兴应用技术，如生物物理学、分子物理学、地球化学、射电天文、高能物理以及核技术、喷气技术、计算机技术、无线电技术等也都在这一时期发展起来。华罗庚、李四光、茅以升、竺可桢、童第周、钱三强、钱学森、邓稼先、陈景润等一批科学家为国家的科学技术发展做出了重大贡献。

这一时期也涌现了像大庆和大寨那样艰苦创业的英雄集体，涌现出大量模范人物，如雷锋、王进喜、焦裕禄等，集中反映了当时的社会道德和精神风貌。

3.国际地位提高

在新中国成立长达20年的时间里，美国等一些国家不但拒不承认中国的合法地位，而且实行封锁、遏制政策，阻挠中国统一，并让台湾当局长期占据中国在联合国的席位。新中国成立之初，一方面奉行独立自主的"一边倒"政策，争取社会主义国家对中国国内建设与外交的支持援助；另一方面也不失时机地发展同西方国家的民间外交，同这些国家进行贸易往来，以民间促官方、以经济促政治。

1950年到1953年的抗美援朝战争以及随后召开的日内瓦国际会

议和万隆会议，极大地提高了新中国的国际地位。中国同印度、缅甸等国共同倡导的和平共处五项原则，成为处理国与国关系公认的国际准则。

1960年到1963年，中国同缅甸、尼泊尔、蒙古、巴基斯坦、阿富汗等国妥善地解决了边界问题。

20世纪50年代到70年代中期，中国先后支持越南人民赢得抗法战争的胜利，支持越南人民的抗美战争，使美国深陷越战泥潭之中。20世纪50年代，亚洲、非洲、拉丁美洲出现了民族解放运动的高潮，中国在支持民族解放运动中同广大发展中国家建立了友好关系。这些国家积极争取恢复新中国在联合国的合法席位，并于1971年10月获得成功。从此，中国在联合国中发挥日益重要的作用，成为维护世界和平、反对霸权主义的一支中坚力量。

20世纪60年代末，尼克松就任美国总统，向中国领导人发出改善关系的信号，毛泽东、周恩来抓住时机开展"乒乓外交"，1972年2月，尼克松访华，中美发表《上海联合公报》。9月，中日发表建交联合声明。随后，中国同英国、荷兰、希腊、联邦德国等国先后建立大使级外交关系。同中国建交的国家，1965年为49个，1976年为

111个，仅1970年以后同中国建交的国家就有62个。^①邓小平曾指出："我们能在今天的国际环境中着手进行四个现代化建设，不能不铭记毛泽东同志的功绩。"^②

新中国从建立到1978年的前30年，尽管犯过"大跃进"和"文化大革命"的错误，但是，在社会主义建设方面取得相当可观的成就还是共识。邓小平在1979年曾经说过："社会主义革命已经使我国大大缩短了同发达资本主义国家的差距。我们尽管犯过一些错误，但我们还是在三十年间取得了旧中国几百年、几千年所没有取得过的进步。"^③美国历史学家莫里斯·迈斯纳就说过，毛泽东时代"是世界上最伟大的现代化时代之一，与德国、日本和俄国等几个现代工业舞台上的后起之秀的工业化最剧烈时期相比毫不逊色"。中国取得了"全世界所有发展中国家和主要发达国家在同一时期取得的最高增长率"。美国经济学家萨缪尔森也说过，关于中国的基本事实是，"它向每一个人提供了粮食、衣服和住房，使他们保持健康，并使绝大多数人获得了教育，千百万人并没有挨饿，道路旁边和街路上没有一群群昏昏欲睡、目不识丁的乞丐，千百万人并没有遭受疾病

---

① 《当代中国外交》，中国社会科学出版社，1988，第479~492页。
② 《邓小平文选》第2卷，人民出版社，1994，第172页。
③ 《邓小平文选》第2卷，人民出版社，1994，第167页。

的折磨。以此而论，中国的成就超过世界上任何一个不发达国家"。

1998年诺贝尔经济学奖获得者、在美国大学任教的印度经济学奖阿玛蒂亚·森指出：中国在改革前实行的社会主义政策为其市场经济发展奠定了扎实的基础，"从某种程度来说，中国1979年前在扩大初等教育、提供基本的医疗保障和实行土地改革等方面的成就，使改革后的政策更加成功成为可能"。他认为，中国改革开放以后的政策在某种程度上受惠于改革开放以前的政策，这是合乎实际的。

二、小康之路

1976 年，毛泽东逝世后，中共中央毅然结束了"文化大革命"。随后，邓小平复出开始工作。经过真理标准问题讨论、拨乱反正和国民经济的调整后，邓小平开始探索具有中国特色的小康之路。改革开放加速了中国融入世界经济的步伐，中国发展逐步进入快车道。

以邓小平为核心的第二代中央领导集体，在对中国式的四个现代化进行思考的基础上，赋予小康社会全新的科学内涵，对中国小康社会思想的形成、发展和小康社会的建设起了关键作用。

伟大的历史转折：中共十一届三中全会

粉碎"四人帮"之后的一段时期，"两个凡是"错误思想使国家的各项工作受到严重阻挠，出现了在徘徊中前进的局面，要改变这种状况，必须使中共全党从"两个凡是"束缚中解放出来，于是才有了真理标准讨论。

1977年2月7日两报一刊（《人民日报》《解放军报》《红旗》杂志）在联合社论《学好文件抓住纲》中提出：凡是毛主席作出的决策，我们都坚决拥护；凡是毛主席的指示，我们都始终不渝地遵循。这种"左"的指导思想极大地禁锢了人们的思想。

"两个凡是"提出后，邓小平首先站出来反对。他提出"我们必须世世代代用准确的完整的毛泽东思想来指导我们全党、全军和全国人民"①。"'两个凡是'不行,不符合马克思主义。"②关于真理标准问题的讨论开始后,1977年7月21日,他在中共十届三中全会上说:"我们不能够只从个别词句来理解毛泽东思想,而必须从毛泽东思想的整个体系去获得正确的理解。"③"毛泽东同志倡导的作风,群众路线和实事求是这两条是最根本的东西。"④"一定要肃清林彪、'四人帮'的流毒,拨乱反正,打破精神枷锁,使我们的思想来个大解放。"⑤

1978年5月,《实践是检验真理的唯一标准》先后在《光明日报》《人民日报》《解放军报》上刊登,思想解放很快席卷全国,对广大干部群众进行了一次较为普遍的辩证唯物主义的思想理论教育。真理标准问题的大讨论打破了教条主义和个人崇拜的枷锁,冲破了长期以来"左"的思想的束缚,重新确立了实事求是的思想路线,有力地推动了各条战线拨乱反正工作的开展,为中共实现历史性的转折奠定了思想理论基础。

新中国成立以后,传统经济体制模式运行了将近30年之后,经济发展中的弊端开始逐渐暴露。随着经济的发展,企业数目不断增

①《邓小平文选》第2卷,人民出版社,1994,第39页。
②《邓小平文选》第2卷,人民出版社,1994,第38页。
③《邓小平文选》第2卷,人民出版社,1994,第43页。
④《邓小平文选》第2卷,人民出版社,1994,第45页。
⑤《邓小平文选》第2卷,人民出版社,1994,第119页。

多，管理成本不断增大，信息不对称日益严重，资源难以通过计划手段达到有效配置。高度集权经济体制下企业的盈利状况无法严格划分，导致强化"预算软约束"与"投资饥渴症"。这使得宏观政策不断出现问题。单一的公有制由于管得过死、激励不足，大锅饭并没有达到预期的超过资本主义私营企业的优越性。这些是优先发展重工业所带来的问题，也困扰着中国经济未来的发展。

长期的对外封闭与半封闭状态与意识形态的束缚相互交织，使得中国没有能够融入世界环境。对外半封闭状态，一方面导致了中国未能充分运用国内与国外两种资源；另一方面又失去对国外知识学习的机会。在这样一个问题重重的起点上，中国开始了改革开放的酝酿与选择。

"文化大革命"十年中，国民经济增长缓慢，从1967至1976年（考虑到"文革"在1966年年中虽已开始，但经济尚未受到严重冲击，当年不计入内），社会总产值年平均增长6.8%，其中1967年、1968年出现倒退，分别比上年下降9.9%和4.7%，1974年和1976年比上年分别只增长1.9%和1.4%。工农业总产值年平均增长7.1%，国民收入（净产值）年平均增长4.9%。十年中，国民经济收入总额虽然有增加，但是企业管理制度的破坏和比例失调也使消耗、浪费现象严重，经济效益降低。以1966年和1976年的全民所有制独立核算工业企业各项指数相比，每百元资金实现的税金和利润由34.5元下降到19.3元，减少44.1%。1976年我国人均年消费粮食只有381斤，低于1952年的395斤。住宅、教育、文化、卫生保健等方面也造成了严重欠账。"文化大革命"前经过3年调整，供应的商品本来已经有不少取消了配给票证，"文化大革命"时期又不得不恢复甚至增加。住房紧张，老少三代同居一室，甚至"四世同堂"的现象十分普遍。

与此同时，中国大陆周边的新加坡、韩国以及中国的香港、台湾在20世纪60年代以后快速崛起，被称之为"亚洲四小龙"。这些国家和地区在20世纪60～80年代实现了经济快速发展，但在这之前它们只是以农业和轻工业为主的发展中国家和地区。它们利用西方发达国家向发展中国家转移劳动密集型产业的机会，吸引外国资本和技术，利用本地的劳动力优势适时调整经济发展战略，使得经济迅速发展，人民生活水平显著改善。

在这样的背景下，中共十一届三中全会酝酿召开。

十一届三中全会预定的主要任务是把工作的重点转移到社会主义现代化建设上来。为了准备十一届三中全会的召开，中共中央于1978年11月10日在北京召开了中央工作会议。邓小平在闭幕会上发表了《解放思想、实事求是、团结一致向前看》的著名讲话，尖锐地揭露了党内存在的思想僵化和半僵化状态，肯定了关于真理标准问题讨论的重大意义。他指出：只有思想解放了，真正发扬了政治民主和经济民主，才能实事求是地解决过去的遗留问题，研究新情

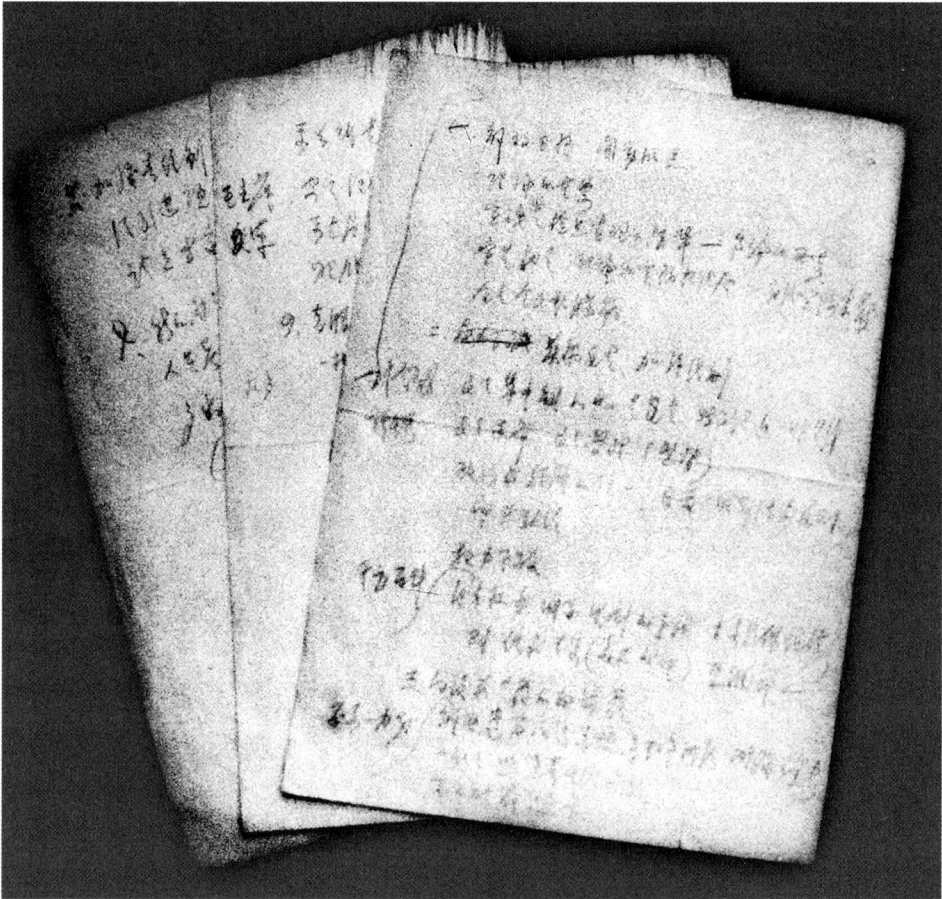

邓小平手稿

况、新问题，团结一致，确定实现四个现代化的具体道路、方针、方法和措施。这个讲话集中了全党和全国人民的意志，是在"文化大革命"结束以后中国面临向何处去的重大历史关头，开辟新时期新道路、开创建设有中国特色社会主义新的宣言书。这个讲话实际上为随后召开的十一届三中全会定下了基调。

1978年12月18日，中共十一届三中全会正式召开。全会作出了把全党工作重点转移到社会主义现代化建设上来的战略决策，实现了中国共产党在思想路线、政治路线和组织路线方面的拨乱反正。全会从更好地推进社会主义现代化建设的需要出发，明确提出了改革开放的任务。

全会指出，"实现四个现代化，要求大幅度地提高生产力，也就必然要求多方面地改变同生产力发展不适应的生产关系和上层建筑，改变一切不适应的管理方式、活动方式和思想方式，因而是一场广泛、深刻的革命"。全会认为，在经济建设中要恢复和坚持长期行之有效的各项经济政策，还要根据新的历史条件和实践经验，对经济管理体制和经营管理方法进行认真的改革。

全会最初的改革思路，可以归结为放权让利调动积极性的改革。全会公报指出："现在我国经济管理体制的一个严重缺点是权力过于集中，应该有领导地大胆下放，让地方和工农企业在国家统一计划的指导下有更多的经营管理自主权；应该着手大力精简各级经济行政机构，把它们的大部分职权转交给企业性的专业公司或联合公司；应该坚决实行按经济规律办事，重视价格规律的作用，注意把思想政治工作和经济手段结合起来，充分调动干部和劳动者的生产积极性；应该在党的一元化领导下，认真解决党政不分、以党代政、以政代企的现象，实行分级分工分人负责，加强管理机构和管理人员的权限和责任，减少会议公文，提高工作效率，认真实行考核、奖惩、升降等制度。采取这些措施，才能充分发挥中央部门、地方、企业和劳动者个人四个方面的主动性、积极性、创造性，使社会主义经济的各个部门各个环节普遍地蓬蓬勃勃地发展起来。"①

　　中共十一届三中全会是新中国成立以来中共历史上具有深远意义的伟大转折。这次会议是全党摆脱长期"左"的错误的重要标志，是中国经济开始改革开放、走向新的振兴的起点。但是指导思想拨乱反正的完成需要一个过程，探索适合中国国情的现代化建设道路更是一个复杂和艰巨的历史任务。三中全会以后经过理论上的反复探讨，对历史的实事求是反思和经济调整改革的具体实践，1980年12月召开的中央工作会议的总结讨论，经济工作的指导思想

---

① 中共中央文献研究室编：《三中全会以来重要文献汇编》（上），第4页。

才逐步摆脱脱离国情、不按客观经济规律办事的"左"的错误，初步找到了一条从中国国情出发，速度不那么高，经济效益好，人民得到实惠多的新路子。中共十一届六中全会通过的《中国共产党中央委员会关于新中国成立以来党的若干历史问题的决议》，对这段时间逐步确立的适合中国国情的社会主义建设道路作了基本总结，宣告经济建设的指导思想已经得到根本性转变。

改革开放的起步

中共十一届三中全会后，各个领域进行拨乱反正，并开始进行经济建设和改革开放。

1980年开始到1982年底，在平反冤假错案政策下，有300万干部平反，41万多共产党员恢复党籍，数千万受株连的干部或亲属得到解放。逐步落实知识分子、统一战线、宗教、侨务等方面的政策，摘掉地主、富农分子的帽子，落实国民党投诚、起义人员政策，恢复原工商业者劳动者的身份，有效地调动了社会各阶层人员的积极性，为改革开放和开创现代化建设新局面，奠定了社会基础和群众基础。

1979年，中央政府开始用3年时间调整国民经济，纠正前两年经济工作中的失误，经过几年努力，国民经济主要比例关系趋于合理，长期存在的积累率过高和农业、轻工业严重落后的情况得到根本改变。1978～1982年，工农业总产值年均增长7.3%，农民人均收入达到270

<

"一大二公"的人民公社体制，严重超越了中国农村生产力发展水平，造成中国农村社会发展长期停滞。1980年4月8日，人民公社的牌子首先在四川省广汉县向阳乡（现向阳镇）被摘下来，换上了广汉县向阳乡人民政府的牌子。

元，比十一届三中全会前增加了一倍，城市职工家庭人均可用于生活的收入500元，比十一届三中全会前增加了38.3%，人民生活改善速度超过以往任何时期。

中国的改革从经济体制着手，相应地进行政治体制改革。经济体制改革首先从农村开始，面临的两大问题是"政社合一"的人民公社制度和1亿农民的温饱问题。1978年11月，安徽凤阳县小岗村18户农民搞起生产责任制，拉开了中国农村改革的序幕。1979年9月，中共十一届四中全会通过《关于加快农业发展若干问题的决定》，提出要保障农村基层干部和群众的自主权，发挥其主动性。1980年5月，邓小平发表《关于农村政策的谈话》，肯定了包产到户不影响社会主义制度。9月，中共中央下发《关于进一步加强和改善农业生产责任制的几个问题》，支持和推动实行家庭联产承包责任制。到1984年底，全国实行承包制的农户占总数的96.6%，极大地调动了农民的积极性。从1979年到1984年，农业总产值年平均增长率达到7.9%，再加上国家提供粮食和部分农产品收购价，允许农户自主进行多种经营，农民收入明显增加，农村面貌大为改善。

"统分结合"的农村家庭联产承包责任制的普遍实行，促进了"政社合一"人民公社体制的解体。1983年，中央政府做出决定，废除人民公社，建立乡镇政府作为基层政权，同时成立村民委员会作为村民自治组织。

这期间，城市经济体制改革也开始进行探索，如逐步扩大国有企业经营自主权，把部分中央和省属企业下放给城市管理，实行政企分开，进行城市经济体制综合改革试点等。

政治体制改革有三大举措：一是制定法律，健全法制；二是坚持和完善中国共产党领导的多党合作和政治协商制度；三是提出中国共产党和国家领导制度改革的任务。

在基层，实行了党政分开，在部分企业试行厂长（经理）负责制。逐步废除干部领导职务实际上存在的终身制，推进干部队伍的革命化、年轻化、知识化、专业化。加强各级人民代表大会的工作，省县两级人代会增设常设机构，县级和县级以下人民代表普遍实行由选民直接选举的制度。恢复、制订和施行了一系列的法律法规，加强了司法、检察和公安机关的工作。

在此期间，对外开放也做出两大重要举措。一是1979年7月决定对广东、福建实行特殊政策和优惠措施。二是1980年3月，中央决定在深圳、珠海、汕头、厦门设立经济特区，作为对外开放的窗口，吸引外资，学习国外的先进技术和管理方法。经济特区成效明显，成为改革开放的排头兵。

1978年8月，中日签署《中华人民共和国和日本国和平友好条约》。1979年1月，中美两国正式建交。这些外交成就，为中国进行改革开放和现代化建设提供了有利的外部条件。

小康目标的提出

早在1975年，邓小平就对中国在20世纪末实现四个现代化发展目标的时间进行过客观的分析与清醒评估。他在1975年10月会见外国客人时说："说赶上西方，就是比较接近，至少还要五十年。这不是客气话，这是一种清醒的估计。"[①] 十一届三中全会后，邓小平明确提出了"中国式现代化"的思想，并强调中国式现代化"必须从中国的特点出发"[②]。1979年初，邓小平出访美国、日本，目睹了其现代化发展水平，特别是在参观日本大型企业时很受触动，耳闻目睹西方现代化的现状，想到闭关锁国多年且经济十分落后的中国，邓小平开始思考在20世纪末实现四个现代化的目标是否理性科学，3月21日，邓小平会见英中文化协会执委会代表团时，开诚布公

[①] 《邓小平思想年谱》(1975-1977)，中央文献出版社，1998，第21页。
[②] 《邓小平文选》第2卷，人民出版社，1994，第164页。

改革开放和小康宏图激发出中国人民的豪情。1984年10月1日，是中华人民共和国35周年国庆日，在首都北京举行了盛大的庆典。人们载歌载舞庆祝祖国走进新时代。图为震撼人心的阅兵式。

地告诉来宾，中国现代化的概念与西方不同，中国定的在20世纪末实现四个现代化的目标其实是"中国式的四个现代化"。[①]10月4日，邓小平在中共省、市、自治区委员会第一书记座谈会上讲话，他幽默地说：20世纪末实现四个现代化是狮子大开口，我后来把标准放低了，改口叫"中国式的现代化"。[②]这就说明，邓小平出访美、日后看到了其他国家的现代化水平，清醒地意识到"20世纪末实现四个现代化"的不可能性。因此邓小平改口为"中国式的现代化，就是把标准放低一点"。当30余年前大平正芳提出疑问时，邓小平在略加思考后回答是：我们要实现的四个现代化是中国式的现代化，就是"小康之家"。这是小康思想的第一次提出。

小康社会作为一个上承贫困、下启富裕的温饱型社会，是社会主义初级阶段不可逾越的重要组成部分，比较符合中国的国情。

1981 年 4 月14 日，邓小平会见日中友好议员联盟访华团，对"中国式的现代化"作了更详细的阐述。他说："我们讲四个现代化，开始的时候提出的是一个雄心壮志。但我们一摸索，才感到还只能是中国式的现代化。讲到中国式的现代化的概念，就是在本世纪末我们肯定不能达到日本、欧洲、美国和第三世界中有些发达国

① 《邓小平思想年谱》(1975-1977)，中央文献出版社，1998，第 111 页。
② 《邓小平思想年谱》(1975-1977)，中央文献出版社，1998，第 132 页。

家的水平。到本世纪（20世纪）末，我们只能达到一个小康社会，日子可以过。"邓小平认为经过这一时期的摸索，"我们设想十年翻一番，两个十年翻两番，就是达到人均国民生产总值一千美元也不容易，如果八百，也可以算是小康生活了"。①

1984年，邓小平会见日本首相中曾根康弘，再次提到小康社会，他言简意赅地说道：到20世纪末国民生产总值翻两番，人均达到八百美元，中国就建立了一个小康社会，这也是中国式的现代化。②

1987年4月，邓小平会见西班牙副首相时第一次提出了"三步走"发展战略目标的设想，即从1980年到20世纪末的二十年，第一个十年国民经济生产总值翻一番，第二个十年在此基础上再翻一番，实现这个目标意味着我们进入小康社会，然后第三步是在21世纪用三十年到五十年达到中等发达国家水平。

1987年4月30日，邓小平在会见西班牙工人社会党副总书记、政府副首相格拉时指出："总的说我们的情况是好的。粉碎'四人帮'以后，从十一届三中全会开始，我们制定了一系列新的方针政策，实践证明这些方针政策是正确的。但毕竟我们只是开步走。我们原定的目标是，第一步在八十年代翻一番。以1980年为基数，当

---

① 《邓小平思想年谱》(1975-1977)，中央文献出版社，1998，第187～188页。
② 《邓小平文选》第3卷，人民出版社，1993，第54页。

时国民生产总值人均只有二百五十美元，翻一番，达到五百美元。第二步是到本世纪（20世纪）末，再翻一番，人均达到一千美元。实现这个目标意味着我们进入小康社会，把贫困的中国变成小康的中国。那时国民生产总值超过一万亿美元，虽然人均数还很低，但是国家的力量有很大增加。我们制定的目标更重要的还是第三步，在下世纪（21世纪）用三十年到五十年再翻两番，大体上达到人均四千美元。做到这一步，中国就达到中等发达的水平。这是我们的雄心壮志。目标不高，但做起来可不容易。"

"小康"概念的提出，不是对中国传统词语简单随意的沿用，而是"拿国际水平的尺度"[①]比较的结果，是对中国20世纪末实现现代化发展目标进行重新审视、定位的结果。在现代化的国际参照标准方面，邓小平曾提出过"第三世界中比较富裕一点的国家的水平"[②]、"接近发达国家的水平"[③]等几种设想，而最终他确定了"中等发达国家"[④]这个标准。邓小平曾充满自信地说："我可以大胆地说，到本世纪（20世纪）末，中国能达到国民生产总值翻两番的目标，也就是我曾经跟大平正芳先生讲的达到小康水平，那时中国对

---

① 《邓小平文选》第2卷，人民出版社，1994，第270页。
② 《邓小平文选》第2卷，人民出版社，1994，第237页。
③ 《邓小平文选》第2卷，人民出版社，1994，第417页。
④ 《邓小平文选》第2卷，人民出版社，1994，第266页。

于世界和平和国际局势的稳定肯定会起比较显著的作用。"①可以说，"小康"概念内涵的拓展始终是在与国际性的横向比较中获得的。邓小平采用了国际上通用的衡量一个国家或地区生产力水平和生活水准的"人均国民生产总值"(此前用"人均收入")，这就为原本很抽象的社会发展目标确定了一个具体的标度(如人均国民生产总值达到800～1000美元)，这样使现代化目标既易于为广大民众所掌握，又便于与世界各国作对照，还能根据各种具体情况的改变而适时进行新的调整。②

邓小平对小康社会的创造性利用，江泽民这样评价："小康社会这个概念，具有中国特色，可以赋予丰富的内涵，易于为广大群众理解，有利于动员全国各族人民，包括港澳同胞、台湾同胞和海外侨胞，共同为中华民族的发展壮大贡献力量。"③

1987年8月29日，邓小平在会见意大利共产党领导人时明确阐述了"三步走"战略：中国经济发展分三步走，20世纪走两步，达到温饱和小康，21世纪用三十到五十年时间再走一步，达到中等发达国家水平。这就是我们的战略目标，这就是我们的雄心壮志。

---

① 《邓小平文选》第3卷，人民出版社，1993，第105页。
② 赵美岚、黎康：《中国化马克思主义新概念的典范创造——以邓小平"小康"概念的形成过程为分析范本》，《江西社会科学》2012年第11期。
③ 《江泽民文选》第3卷，人民出版社，2006，第415页。

1987年10月，中共十三大明确而系统地阐述了邓小平"三步走"的发展战略。中共十三大报告指出："党的十一届三中全会以后，中国经济建设的战略部署大体分三步走，第一步，到1990年实现国民生产总值比1980年翻一番，解决人民的温饱问题。这个任务已经基本实现。第二步，到本世纪（20世纪）末，使国民生产总值再增长一倍，人民生活达到小康水平。第三步，到下个世纪（21世纪）中叶，人均国民生产总值达到中等发达国家水平，人民生活比较富裕，基本实现现代化。"

改革开放的全面展开

从1982年到1992年这段时间，中国的改革开放由起步到全面展开，小康之路有了目标设定，改革的重点从农村转向城市，改革开放和现代化建设走向深入。

1.从"四个现代化"到"小康目标"的设定

随着中国经济改革的深入，农村经济通过体制改革焕发的力量与特区经济所体现的经济活力，使得中国经济在新的基础上有了新的发展气象。1982年9月召开的中国共产党第十二次全国代表大会提出：关于战略目标，过去一直提"到20世纪末实现四个现代化"。这次正确估量了中国经济水平和发展的可能，把奋斗目标改为实现城乡人民的物质文化生活达到小康水平，并给予具体的数量表示。规定：在全面开创新局面的各项任务中，首要的任务是把社会主义现代化经济建设继续推向前进。从1981年到20世纪末的二十年，中国经济建设总的奋斗目标是，在不断提高经济效益的前提下，力争使全国工农业的年总产值翻两番，即由1980年的7100亿元增加到2000年的28000亿元左右。[①]

本次大会还制定了两步走的发展目标：即前十年主要是打好基础，积蓄力量，创造条件；后十年要进入一个新的经济振兴时期。著名经济学家孙冶方提出："若干年来，我国经济发展速度减慢的重要原因之一是经济财政体制不合理，把原有企业的技术革新和改造卡死了，使绝大多数老企业技术发展缓慢。如果我们系统地改革经济体制，扩大再生产主要靠现有企业的技术改造，就一定能够加快国民经济的发展速度。为此，应该逐步提高企业的固定资产折旧率，并且原则上把折旧基金归企业掌握和使用，再连同财政上的其他措施，使企业有进行技术改造的必要财力。同时，还要通过经济体制的改革，使企业具有进行技术改造的动力和压力。"[②]要完成经济的高速度，需要提高企业的作用。"充分发挥现有企业的作用，要走出一条发展我国工业的新路子，必须在建设方针上来一个根本

① 胡耀邦：《全面开创社会主义现代化建设的新局面——在中国共产党第十二次全国代表大会上的报告》，《人民日报》1982年9月8日。
② 孙冶方：《二十年翻两番不仅有政治保证而且有技术经济保证——兼论"基数大，速度低"不是规律》，《人民日报》1982年11月19日。

转变，今后工业的发展，主要不是依靠投资、搞新建、铺摊子，而是依靠发挥现有企业的作用，逐步由以外延为主转向以内涵为主，由粗放经营转向集约经营。要充分发挥现有企业的作用，必须坚决贯彻'先生产后基建、先挖潜改造后新建'的方针，把搞好现有企业的技术改造和设备更新作为一项战略任务。"① 随着改革开放的推进，国有企业的效益不断提高，而民营经济的活力逐步焕发，经济发展水平进入了一个新的时期。

大会第一次明确提出建设有中国特色社会主义的命题，成为新时期改革开放和现代化建设的指导思想。大会提出建设社会主义精神文明，指出：社会主义精神文明是社会主义的主要特征，是社会主义制度优越性的重要表现。精神文明建设分为文化建设和思想建设两方面。

2.改革重点从农村转向城市

1979～1984年的农村改革迸发出了勃勃生机，并继续走向深入，与此同时，城市改革中"城市经济体制中严重妨碍生产力发展

---

① 袁宝华：《我国工业生产发展的几个问题》，《袁宝华文选》，中国人民大学出版社，2010，第89页。

人民群众的创造精神为改革开放注入了源源不竭的活力，乡镇企业的"异军突起"就是一例。到1987年，乡镇企业（1984年以前称"社队企业"）产值首次超过了农业总产值。图为广东顺德的一家生产电风扇的乡镇企业。如今，它的产品早已远销海外，成为一大名牌。（蒋铎摄／人民图片）

的种种弊端还没有从根本上消除。目前，城市企业经济效益还很低，城市经济的巨大潜力还远远没有挖掘出来，生产、建设和流通领域中的种种损失和浪费还很严重，加快改革是城市经济进一步发展的内在要求。"[①]1984年中国开始转入全面的体制改革。十二届三中全会做出了《中共中央关于经济体制改革的决定》，明确了改革的市场取向，突破了长期以来把计划经济同商品经济对立起来的传统观念，在理论上肯定了社会主义作为商品经济的性质，认为社会主义经济既是计划经济，也是商品经济，是有计划的商品经济。

《决定》通过对改革实践的总结突破了十二大提出的"计划为主、市场为辅"的观点，提出有计划的商品经济，承认了商品经济的地位，为中国经济体制改革的推进提供了较好的指导思想，改革的矛头已触及传统体制的基本结构。但是受历史的局限，它在商品经济前仍然加上"有计划的"这一限定词，劳动力不是商品，土地、矿山、银行、铁路等一切国有企业和资源也都不是商品等。随着改革开放的进一步深入，商品经济的自发调节与政府有计划调节又产生新的矛盾，政治体制改革需要进一步推进。正如1985年11月美国前国务卿亨利·基辛格在与邓小平会谈时所说的："像中国这样

---

① 《中共中央关于经济体制改革的决定》，《人民日报》1984年10月21日。

大规模的改革是任何人都没有尝试过的，世界上还没有别的国家尝试过把计划经济和市场经济结合起来。这是一个有历史意义的事件，因为你们的尝试是一个全新的试验。如果你们成功了，就将从哲学上同时向计划经济国家和市场经济国家提出问题。"①

1987年10月召开的中国共产党第十三次全国代表大会，对经济体制改革的理论深化了一步，改革的模式进一步完善。系统阐明了社会主义初级阶段的理论。这次大会明确指出"是否有利于发展生产力，应当成为我们考虑一切问题的出发点和一切工作的根本标准"，这就为坚持发展有计划的商品经济提供了有利的理论指导。并且明确提出了"国家调节市场，市场引导企业"的运行机制。针对有计划的商品经济中市场和计划究竟如何结合的争论及实践中存在的矛盾，这次大会明确提出：社会主义制度下应该建立计划与市场内在统一的体制，这种体制不是计划调节与市场调节各管不同的领域的板块结合，而是把企业行为、市场机制和国家管理三个环节的改革有机地构造为一体。其运行机制总体上来说是"国家调节市场、市场引导企业"，即国家运用经济手段、法律手段和必要的行政手段，调节市场供求关系，创造适宜的经济和社会环境，以此引导

---

① 《邓小平年谱（1975-1997）》（下），中央文献出版社，2004，第1094页。

企业正确地进行经营决策。

大会还肯定了私营经济在社会主义建设中的补充作用。指出：目前全民所有制以外的其他经济成分，不是发展得太多，而是还很不够。私营经济是存在雇佣劳动关系的经济成分，但在社会主义条件下它必然同占优势的公有制经济相联系，并受公有制经济的巨大影响，有利于促进生产，活跃市场，扩大就业，是公有制经济的必要和有益的补充。

到1987年，城市改革取得多项进展，表现在：第一，在公有制为主体的前提下，多种经济成分得到发展，单一的公有制结构有了很大改变。1987年与1978年相比，在工业总产值中全民所有制企业的比重由77.6%下降到59.7%，集体经济的比重由22.4%上升到34.6%，个体经济、私营经济和三资企业等非公有制成分上升到5.6%。第二，国营企业改革进一步深化，按照政企分开、所有权与经营权适当分离的原则，改变了统收统支的经营方式，扩大了企业的自主权；全国80%的国营企业实行了承包制；企业内部也进行了厂长（经理）负责制为主要内容的改革。第三，改革了管理体制。经济体制向着在公有制基础上的有计划商品经济的新体制转变。列入指令性计划的工业产品从120种减少到60种，统一调配物资由259种减少到26种。

1985年，中共中央先后做出了《关于科学技术体制改革的决定》和《关于教育体制改革的决定》，开始推进科技和教育体制的改革。

3. 多层次对外开放格局形成

1983年4月，海南岛开始实行经济特区政策，具有较多的自主权。1988年海南省建立，成为特区。1984年1月，邓小平视察深圳、珠海、厦门等地，肯定特区的发展。同年5月，中共中央决定进一步开放天津、上海、大连、秦皇岛、烟台、青岛、连云港、南通、宁波、温州、福州、广州、湛江、北海14个沿海港口城市。1985年2月，长江三角洲、珠江三角洲、闽南厦门泉州漳州三角地区成为沿海经济开发放区。这样，在沿海就形成了包括1个省、2个直辖市、25个省辖市、67个县约1.5亿人口的对外开放前沿地带，逐步形成了"经济特区—沿海开放城市—沿海经济开放区—内地"这样一个多层次、有重点、点面结合的对外开放格局，在引进外资、先进技术和设备以及提高出口创汇能力方面取得显著成效。到1987年，全国累计签订利用外资协议（合同）项目10350项，累计协议金额625.09亿美元。

4．精神文明建设

中共十二大决定，从1983年下半年开始，用三年时间分期分批对党员作风和党组织进行一次全面整顿。本次整党历时三年半，经过整党，全党在思想、作风、组织、纪律等方面都有了进步，并积累了在新时期正确处理党内矛盾和问题的经验，推进了党的建设。

1986年9月，中共十二届六中全会做出《关于社会主义精神文明建设指导方针的决议》，阐述了社会主义精神文明建设的战略地位和根本任务、基本方针，提出要以经济建设为中心，坚定不移地进行经济体制改革，坚定不移地进行政治体制改革，坚定不移地加强精神文明建设，并且使这几方面互相配合、互相促进。

5．改革开放成效显著

20世纪70年代末以来，中国经济发展的速度明显加快。15年的改革开放，使中国经济实力成倍增长，人民生活水平大幅度提高。1978~1992年间，国民生产总值增长2.33倍，平均每年递增9%；财政收入增长2.7倍，平均每年递增9.8%；居民消费水平，农业居民增长1.48倍，平均每年递增6.7%，非农业居民增长1.22倍，平均每年递增5.9%；城乡居民储蓄存款持续增加，1992年底达到11759.4亿元；产业结构日趋合理，第三产业占国民生产总值的比重增加了近11个百分点，从23.9%增加到34.8%。

到20世纪80年代末90年代初，市场调节已在中国国民经济中占有相当比重，在某些领域甚至起到主导作用。在工业生产方面，政府下达的指令性计划产品品种，由1984年123种减少到1988年的50种，同期国务院各专业部门下达的工业生产指令性计划产品品种由1900多种减少到380多种。在工业品流通方面，计划分配的物资占国内生产量的比重大幅度下降，如煤炭由1980年的57.9%下降到1988年的42.7%，钢材由1980年的76.9%下降到1990的49.2%。在价格方面，到1990年，社会全部产品和服务的价值总额中，国家定价约占25%，其余75%为国家指导价和市场价。随着市场取向改革的逐步深入，市场调节作用日益扩大，极大地调动了经济运行的活力和促进了社会生产力的发展，这些成就坚定了人们建立社会主义市场经济体制的决心，同时也积累了经验，培养了大批人才。这些都为确立社会主义市场经济体制的改革目标准备了实践条件。

三、改革深化和建立社会主义市场经济

1992 年邓小平的"南方谈话"再一次为中国的改革开放扫除了思想疑云。中共十四大确立了社会主义市场经济体制改革的目标,改革开放深入推进。精神文明建设、民主法制建设、科教兴国、西部大开发、扩大内需、加入 WTO 等一系列改革开放举措取得了历史性突破,人民生活总体达到小康水平,小康社会"三步走"战略目标得以提前实现。

改革开放的突破性进展

1.邓小平"南方谈话"推进改革开放

20世纪90年代初，中国的改革开放和现代化建设处在重大的历史关头，改革向何处去成为中共领导人必须面对的问题。1992年1月18日到2月21日，邓小平先后视察了武昌、深圳、珠海、上海等地，发表了一系列讲话，旗帜鲜明地推进改革开放。

"南方谈话"的主要内容包括：第一，提出了计划和市场都是经济手段的论断。邓小平指出："计划多一点还是市场多一点，不是社会主义与资本主义的本质区别。计划经济不等于社会主义，资本主义也有计划；市场经济不等于资本主义，社会主义也有市场。计划和市场都是经济手段。"① 社会主义市场经济论的提出，在历史上第一次把社会主义与市场经济联系起来，是马克思主义政治经济学的重大突破，为中国的改革开放取得更大进展提供了理论武器。第二，阐述了社会主义本质。邓小平指出："社会主义的本质，是解放生产力，发展生产力，消灭剥削，消除两极分化，最终达到共同富裕。"② "走社会主义道路，就是要逐步实现共同富裕。……如果富的愈来愈富，穷的愈来愈穷，两极分化就会产生，而社会主义制度就应该而且能够避免两极分化。"③ "什么时候突出地提出和解决这个问题，在什么基础上提出和解决这个问题，要研究。可以设想，在本世纪（20世纪）末达到小康水平的时候，就要突出地提出和解决这个问题。"④ 社会主义本质论是社会主义社会的生产力和生产关系的统一，是社会主义的根本任务和根本目的的统一，是社会主义的发展过程与最终结果的统一。第三，提出发展才是硬道理的主要论断。邓小平指出："发展才是硬道理。"⑤ 要"抓住时机，发展自己"。"经济发展得快一点，必须依靠科技和教育。科学技术是第一生产力。近一二十年来，世界科学技术发展得多快啊！高科技领域

---

① 《邓小平文选》第3卷，人民出版社，1993，第372页。
② 《邓小平文选》第3卷，人民出版社，1993，第373页。
③ 《邓小平文选》第3卷，人民出版社，1993，第373～374页。
④ 《邓小平文选》第3卷，人民出版社，1993，第374页。
⑤ 《邓小平文选》第3卷，人民出版社，1993，第374页。

的一个突破，带动一批产业的发展。……高科技领域，中国也要在世界占有一席之地。"① 第四，提出了判断改革开放和各项工作成败得失的"三个有利于"标准，即是否有利于发展社会主义社会的生产力，是否有利于增强社会主义国家的综合国力，是否有利于提高人民的生活水平。第五，强调了党的建设问题。他说："十二届六中全会我提出反对资产阶级自由化还要搞二十年，现在看来还不止二十年。资产阶级自由化泛滥，后果极其严重。"② "中国要出问题，还是出在共产党内部……党的基本路线要管一百年，要长治久安，就要靠这一条。真正关系到大局的是这个事。"③ 第六，阐述了社会主义的长期性和光明前途。邓小平的"南方谈话"，明确回答了长期困扰和束缚人们思想的许多重大认识问题，对整个社会主义现代化建设事业产生了重大而深远的影响，成为中共十四大的指导思想。

2. 中共十四大：建立社会主义市场经济体制

1992年10月12日，中国共产党第十四次全国代表大会在北京开幕。这次大会是在邓小平年初视察南方发表重要谈话，广大干部和

---

① 《邓小平文选》第3卷，人民出版社，1993，第377～378页。
② 《邓小平文选》第3卷，人民出版社，1993，第379页。
③ 《邓小平文选》第3卷，人民出版社，1993，第381页。

群众思想更加解放，精神更加振奋，改革开放和现代化建设进入新阶段的背景下召开的。

大会对十一届三中全会以来14年的伟大实践进行了基本总结，重申了党的"一个中心、两个基本点"的基本路线，指出，"十四年伟大实践的经验，集中到一点，就是要毫不动摇地坚持以建设有中国特色社会主义理论为指导的党的基本路线。这是我们的事业能够经受风险考验，顺利达到目标的最可靠的保证"。

中共十四大做出了三项具有深远意义的决策。

第一，抓住机遇，加快发展的决策和战略部署。中国近代的历史和当今世界的现实都清楚地表明，经济落后就会非常被动，就会受制于人。中国经济能不能加快发展，不仅是重大的经济问题，而且是重大的政治问题。因此，十四大对经济发展速度作了大幅度的调整，决定将90年代中国经济的发展速度，由原定的国民生产总值平均每年增长6%调整为增长8%至9%。为了加速改革开放，推动经济发展和社会全面进步，为达到上述要求，十四大强调，当前，要紧紧抓住有利时机，加快发展，有条件能搞快一些的就快一些，只要是质量高、效益好、适应国内外市场需求变化的，就应当鼓励发展。为了加快中国经济发展，必须进一步解放思想，加快改革开放的步伐，不要被一些姓"社"姓"资"的抽象争论束缚自己的思想和手脚，要大胆吸收和借鉴世界各国包括资本主义发达国家的一切反映现代社会化生产和商品经济一般规律的先进经营方式和管理办法。

第二，确立社会主义市场经济体制的改革目标。中国经济体制改革确定什么样的目标模式，是关系整个社会主义现代化建设全局的一个重大问题。这个问题的核心，是正确认识和处理计划与市场的关系。十四大回顾和概括了改革开放以来，党在这个问题上的认识和实践的发展历程。第一次明确提出了建立社会主义市场经济体制的目标模式。

关于社会主义市场经济体制的基本内涵和主要特征，十四大指出：我们要建立的这种经济体制，"就是要使市场在社会主义国家宏观调控下对资源配置起基础性作用"的体制。这种经济体制又是同社会主义基本制度结合在一起的。在所有制结构、分配制度、宏观调控等方面都有自己的特点。这些特点，决定市场经济体制的社会主义性质，也使中国的市场经济体制有可能更好地发挥计划与市场两种手段的长处，更好地把人民的当前利益与长远利益、局部利益与整体利益结合起来，兼顾效率和公平，逐步实现共同富裕。

第三，确立了邓小平建设有中国特色社会主义理论在全党的指导地位。十四大指出，建设有中国特色社会主义理论，是马克思列宁主义基本原理与当代中国实际和时代特征相结合的产物，是毛泽东思想的继承和发展，是全党全国人民集体智慧的结晶，是中国共产党和中国人民最可珍贵的精神财富，是当代中国的马克思主义。邓小平是中国社会主义改革开放和现代化建设的总设计师，对建设有中国特色社会主义理论的创立，做出了历史性的重大贡献。十四大把邓小平关于建设有中国特色社会主义理论写进了党章，强调它是引导中国社会主义事业不断前进的指针，从而确立了它在全党的指导地位。

3.改革开放深入推进

1993年，八届全国人大一次会议将《宪法》第十五条修改为："国家实行社会主义市场经济。"社会主义市场经济第一次写进国家的根本大法。

1993年11月，中共十四届三中全会审议并通过了《中共中央关于建立社会主义市场经济体制若干问题的决定》。《决定》把十四大确定的经济体制改革的目标和基本原则加以系统化、具体化，是中国建立社会主义市场经济体制的总体规划，是90年代进行经济体制改革的行动纲领。

按照中共十四届三中全会的部署，经济体制改革沿着建立社会主义市场经济的目标在各方面深入推进。从1994年起，按照建立现代企业制度的思路推进国有企业改革，并选择了2700多家国有企业进行公司制、股份制改革的试点。同时，大力推进财政、税收、金融、外贸、外汇、计划、投资、价格、流通、住房和社会保障等方面的体制改革，使市场在资源配置中的基础性作用明显加强，市场经济体制中的国家宏观调控体系框架初步建立，为国民经济和社会发展注入了新的活力。

这一时期，对外开放也迈出了重大步伐，建立了一批经济技术开发区和保税区，开放了哈尔滨等4个边境、沿海省会城市和太原等11个内陆省会城市及一大批内陆县市。到1997年，中国对外开放的一类口岸达到235个，二类口岸达到350个，逐步形成了从沿海到沿江、从沿边到内陆，多层次、多渠道、多种形式的全方位对外开放的新格局。

4.精神文明建设与民主法制建设不断加强

十四大以后，中共中央坚持"两手抓、两手都要硬"的方针，采取一系列措施不断加强社会主义精神文明建设。1993年11月《邓小平文选》出版第三卷，中共中央做出学习《邓小平文选》第三卷的决定。1996年10月，中共十四届六中全会做出了《关于加强社会主义精神文明建设若干重要问题的决议》，对新形势下的精神文明建设做出了具体部署和规划。

　　这一时期，社会主义民主法制建设也取得了重大进展。自1993年至1997年，全国人大及其常委会制定了近百个法律及有关法律的决定，其中多数是社会主义市场经济方面的立法，为整个社会经济活动的正常运行提供了重要的法律保障。刑事诉讼法修正案和新刑法的出台，是中国刑事审判制度建设的新里程碑。同时，加强了各级人民代表大会及其常设机构对政府部门和法院、检察院的监督。加强了执法和司法工作。深入推进普法工作，干部群众的法规意识明显增强。

科教兴国、西部大开发和扩大内需战略

1.科教兴国战略

科教兴国作为中国建设社会主义强国的战略是在1995年全国科学大会上提出的。

邓小平于20世纪70年代后期提出"实现四个现代化,科学技术是关键,基础是教育"的思想,为"科教兴国"发展战略的形成奠定了理论和实践基础。1988年,邓小平深刻指出:"马克思说过,科学技术是生产力,事实证明这话讲得很对。依我看,科学技术是第一生产力。"1992年,邓小平在视察南方的重要谈话中再次指出:"经济发展得快一点,必须依靠科技和教育。"1992年,中共十四大报告提出:"必须把经济建设转移到依靠科技进步和提高劳动者素质的轨道上来。"1995年5月6日颁布的《中共中央国务院关于加速科学技术进步的决定》,提出了实施科教兴国的战略。江泽民在全国科技大会上阐明："科教兴国，是指全面落实科学技术是第一生产力的思想，坚持教育为本，把科技和教育摆在经济、社会发展的重要位置，增强国家的科技实力及向现实生产力转化的能力，提高全民族的科技文化素质。"1996年，八届全国人大四次会议正式提出国民经济和社会发展"九五"计划和2010年远景目标，把"科教兴国"列为基本国策。1998年2月4日，江泽民在对中国科学院《迎接知识经济时代，建设国家创新体系》的研究报告上批示："知识经济、创新意识对于我们二十一世纪的发展至关重要。东南亚的金融风波使传统产业的发展会有所减慢，但对产业结构调整则提供了机遇。"

经过十年的实践，科教兴国战略的目标更加清晰，措施更加扎实，改革不断深化。中共十七大再次强调，更好地实施科教兴国战略、人才强国战略、可持续发展战略，着力把握发展规律、创新发展理念、转变发展方式、破解发展难题，提高发展质量和效益，实现又好又快发展，为发展中国特色社会主义打下坚实基础。新时期实施科教兴国战略的重点：第一，优先发展教育，建设人力资源强国。第二，走中国特色自主创新道路、建设创新型国家。2006年，国家制定了《中长期科学和技术发展规划纲要》，对到2020年科技发展做出了全面的部署。到2020年，中国科技发展的总体目标是：自主创新能力显著增强，科技促进经济社会发展和保障国家安全的能力显著增强，为全面建设小康社会提供强有力的支撑；基础科学和

中国著名计算机应用专家王选主持研制的汉字激光照排系统，使中国的印刷业告别铅与光，走进光与电，实现了中国印刷史上继活字印刷之后又一次技术革命，被誉为"当代毕昇"。图为王选和夫人陈堃銶。（摄于2001年）

前沿技术研究综合实力显著增强，取得一批在世界具有重大影响的科技成果，进入创新型国家行列，为在本世纪中叶成为世界科技强国奠定基础。第三，大力提高全民族的科学文化素质。第四，加快科技进步，不断提高全社会的科技意识。科技工作的重点是加强技术创新，发展高科技，实现产业化。第五，处理好教育与科技的关系、科技教育与经济的关系、自然科学与哲学社会科学的关系、可持续发展战略与科教兴国战略的关系。

提出并实施科教兴国战略和可持续发展战略，是保证国民经济持续快速健康发展的根本措施，是实现新世纪新阶段经济和社会发展战略目标的必然选择，是进一步提高中国科技水平和创新能力、增强综合国力的紧迫要求，是迎接知识经济时代和新世纪更加激烈的国际竞争的战略决策，是中华民族振兴的必由之路。

2.西部大开发战略

西部大开发战略是贯彻邓小平关于现代化建设"两个大局"战略思想、面向新世纪做出的重大战略决策。同时，也有助于通过投资来拉动内需。

1999年9月，《中共中央关于国有企业改革和发展若干重大问题的决定》明确提出：国家要实施西部大开发战略。2000年10月，《中共中央关于制定国民经济和社会发展第十个五年计划的建议》，把实施西部大开发、促进地区协调发展作为一项战略任务，强调："实施西部大开发战略、加快中西部地区发展，关系经济发展、民族团结、社会稳定，关系地区协调发展和最终实现共同富裕，是实现第三步战略目标的重大举措。"2001年3月，《中华人民共和国国民经济和社会发展第十个五年计划纲要》对实施西部大开发战略再次进行了具体部署。西部地区特指陕西、甘肃、宁夏、青海、新疆、四川、重庆、云南、贵州、西藏、广西、内蒙古12个省、自治区和直辖市。

西部大开发总的战略目标是：经过几代人的艰苦奋斗，到21世纪中叶全国基本实现现代化时，从根本上改变西部地区相对落后的面貌，建成一个经济繁荣、社会进步、生活安定、民族团结、山川秀美、人民富裕的新西部。从2000年到2002年，西部大开发战略取得了明显成效，西部12个省市区经济发展取得重大进展。主要表现在：第一，经济总量明显增加，增长速度不断加快。2002年西部12个省市区国内生产总值合计达20052亿元，年平均增长9.4%，快于全国平均增速1.7个百分点；人均GDP由1999年的4312元提高到2002年的5512元，平均增加1200元。第二，工业生产速度不断加快，经济效益明显回升。2002年西部12个省市区全部工业增加值达6390亿元，比1999年增加1300多亿元，年平均增长8.2%，并已形成了一批具有地区资源优势、区域优势的产业群。第三，城乡居民物质文化生活水平明显提高。3年间，西部12个省市区城镇居民人均可支配收入增幅均在6.4%～9.2%之间。同时，西部大开发第一阶段宣布开工的78个大型建设项目都是基础设施建设项目，包括修建西部地区的公路、铁路、机场、天然气输气管道等，这些项目带动了国家对西部各省份的大量投资，基础设施的投资对国内需求起到了巨大的拉动作用。

3. 扩大内需举措

在中国经济进入买方市场阶段，国际经济又呈现萎缩趋势的情况下，能否持续保持经济适度快速增长，成为经济工作的一项重要任务。1998年2月，中共中央、国务院发出《关于转发〈国家计划委员会关于应对东南亚金融危机，保持国民经济持续快速健康发展的意见〉的通知》，明确提出应对危机的指导方针和若干重大政策措施，强调要"立足扩大国内需求，加强基础设施建设"。中国政府根据国内外经济环境变化，针对国内经济发展内需不足的特点，提出"扩大内需"的基本方针，并围绕这一方针，实施了一系列相关政策。"扩大内需"主要从投资和消费需求拉动两方面入手，通过积极的财政政策和稳健的货币政策来完成。在"扩大内需"的同时，中

国政府还采取了一些措施来化解金融风险。

　　第一，为了通过投资和消费拉动国内需求，中国政府实施了积极的财政政策和稳健的货币政策。主要包括：（1）增加政府的财政支出。增加政府支出主要是通过发行国债，增加财政赤字，增加公共事业性开支，加大基础设施建设的力度来实现的。1998年到2002年5年累计发行长期建设国债6600亿元，用于基础设施建设和基础产业建设，比如高速公路、交通、发电和大型水利工程等，大规模的国债资金的注入，产生了巨大的经济效益和社会效益，该举措很快使得投资下滑的势头得以遏制，更使得基础产业和基础设施建设得到了飞速发展。增加政府财政开支，在很大程度上刺激了国家的经济发展，起到了扩大内需的效果，还促进了西部落后地区的开发，并且遏制了亚洲金融危机对中国经济发展的不利影响。（2）降低银行存、贷款利率以促进居民消费和私人投资。1998年，中央银行货币政策基调是数量调节和价格调节并行，1999年，中央银行宣布实行稳健的货币政策，且再次大幅度下调银行利率。经过这次调整，一年期存款利率降为2.25%，一年期贷款利率降为5.85%。之后又进行了多次调整。1999年，全国人大常委会通过了对居民储蓄利息所得征收所得税的暂行条例，并于同年11月1日开始对居民储蓄的利息所得征收20%的比例税。由于存款利率较低而且还要缴纳利息税，人们加大了即期消费，从而促进了居民消费对需求的拉动，同时，由于贷款利率也较低，降低了民间企业家筹资成本，因此，促进了私人投资对需求的拉动。

第二，中国政府通过其他相关措施刺激消费和出口。主要措施包括：（1）通过延长节假日和增加城乡中低收入居民的收入来刺激居民消费。假日经济从起步开始走向繁荣。据国家旅游局的统计数据显示，2002年10月8日前的7个黄金周期间，累计出游人数高达4.6亿多人次，实现旅游收入1831亿元，相当于2001年全社会消费品零售总额的4.87%。很明显，延长节假日促进了消费增长，拉动了需求，并且带动了第三产业整体水平的提高。1999年以来，政府又三次提高机关事业单位职工基本工资标准和离退休人员离退休金，实施年终一次性奖金制度，建立艰苦边远地区津贴制度。另外，还提高国有企业离退休人员的待遇，较大幅度地提高各类社会保障对象补助标准，同时采取多种措施增加农民收入，促进消费。（2）医疗和住房改革。1998年中国进行医疗体制改革。这一年底，中央制定了在全国范围内建立"城镇职工基本医疗保险制度"的政策。1998年7月1日，中国也开始了住房改革，废除了由政府部门或国有企业免费或低价向职员和职工提供住房的福利分配制度，引入市场机制，实施个人购买住房的商品房制度。为了进一步推进住房制度改革，商业银行还把用于住房消费的贷款比例扩大到1000亿元，同时也采取了放宽融资限额和偿还期限的措施。（3）教育改革。通过高校扩招，启动教育经济，拉动需求。从1999年开始，随着教育体制改革的深入，国家开始大规模地扩大高校招生，短短的3年，其招生人数便由1998年的108万，增至2001年的260万，2002年的290万。同时，相应提高学费。高校扩招、加收学费，银行增加助学消费信贷等，不失为一个扩大内需、增加消费的好办法，而且还能使学校获利，学生受益，并且为国家培养大批人才，提高人力资本水平。（4）通过提高出口退税率扩大出口。受亚洲金融危机影响，中国的外贸出口严重萎缩。为此，中央政府恢复了对外资企业的优惠政策。为了通过出口来拉动经济增长，1998年中国政府将出口退税率逐步提高，出口商品的综合退税率由原来的6%提高到15%。2002年，对生产企业自营出口或委托外贸企业代理出口的自产货物出口退税全面实行"免、抵、退"税办法。

"一国两制"和香港、澳门回归

在新时期，以邓小平为核心的中共第二代领导集体，继承了毛泽东、周恩来等新中国缔造者的遗志，根据"和平与发展"的时代主题，根据国内外形势的新变化，根据港澳台地区的历史和现状，对解决港澳台问题的指导思想和具体的方针政策进行了根本性的、战略性的调整，逐步形成了"一国两制"的"新思维"、"新政策"。

中共十一届三中全会开始了新中国改革开放和社会主义现代化建设的新时期，邓小平创造性地提出了"一国两制"的科学构想，为延搁了一个半世纪之久的香港问题的历史性解决打开了崭新的思路。正是根据邓小平"中国恢复行使主权"与"保持香港繁荣稳定"相统一的"一国两制"科学构想的指导，中英两国政府于1984年12月19日签署《中英两国政府关于香港问题的联合声明》。1987

年4月13日，《中葡两国政府关于澳门问题的联合声明》正式签署。

香港1997年7月1日回归祖国，从而结束了为英国殖民统治长达156年的历史；澳门1999年12月20日回归祖国的，从而结束了为葡萄牙殖民统治长达446年之久的历史。这两个地区分别制定了《香港基本法》和《澳门基本法》，先后实行"一国两制"，获得成功。

"三步走"战略的推进

中共十三届四中全会后，以江泽民为核心的第三代中央领导集体继承和发展了邓小平的小康思想，在世纪之交提出了全面建设小康社会的新设想。

1995年，"八五"计划顺利完成，提前实现邓小平提出的"三步走"战略的第二步目标。同年9月，《中共中央关于制定国民经济和社会发展"九五"计划和2010年远景目标的建议》指出，"九五"期间国民经济和社会发展的奋斗目标是：全面完成现代化建设的第二步战略部署，到2000年，在中国人口比1980年增长3亿左右的情况下，实现人均国民生产总值比1980年翻两番，基本消除贫困现象，人民生活达到小康水平；到2010年实现国民生产总值比2000年翻一番，人民生活更加富裕。中共十五大对"三步走"战略目标又进行了细分，提出了一个新的"三步走"发展战略。江泽民说："下世纪

（21世纪），我们的目标是，第一个十年实现国民生产总值比2000年翻一番，使人民的小康生活更加富裕，形成比较完善的社会主义市场经济体制；再经过10年的努力，到建党100年时，使国民经济更加发展，各项制度更加完善；到世纪中叶建国100年时，基本实现现代化，建成富强民主文明的社会主义国家。"中共十六大报告进一步明确了实现新"三步走"战略目标的基本思路：发展是党执政兴国的第一要务，是解决中国所有问题的关键，是新世纪中国经济、社会发展的主题；推动经济结构战略性调整，保持国民经济持续、快速、健康发展，是新世纪之初中国经济发展的主线；推动经济结构调整和经济发展必须依靠体制创新和技术创新，必须坚持和扩大对外开放，这是发展经济的主要途径；不断提高城乡人民物质文化生活水平，是发展经济的出发点和归宿；继续积极稳妥地推进这种体制改革，建设社会主义法治国家；推进文化体制改革，大力发展社会主义文化，从而实现经济发展与社会全面进步。

人民生活总体达到小康

改革开放促使国民经济比预期更快的速度发展，到2000年，中国实现了人民生活总体上达到小康水平，尽管这样的小康还只是低水平的、不全面的、发展很不平衡的，但在中国历史上还是一件了不起的事情。

1.国民经济发展状况

1988年，国民生产总值比1980年翻了一番；按当年价格计算的国民生产总值由1980年的4517.8亿元增至11954.5亿元，增长1.6倍多。这8年里，按可比价格计算的国民生产总值年均递增10.5%，这个速度比日本和亚洲"四小龙"经济腾飞时8%～9%的速度还高。随着生产的发展，人民的生活水平也有了很大提高，全国居民人均消费水平由1980年的236元增加到1987年的550元；城市居民人均生活费收入从1980年的439元提高到1987年的916元，增长一倍多，扣除价格因素，增长46%；农村居民人均纯收入从1980年的191元增加到1987年的463元，增长1.4倍多，扣除价格因素，仍然增长一倍多，平均每年增长10.7%。

1995年，国民生产总值又比1988年翻了一番，达到57494.9亿元(当年价格)，人均国民生产总值达到4746.9元。1997年，全国居民人均消费水平由1987年的550元提高到2311元；城镇居民人均生活费收入由1987年的916元提高到3893元，扣除价格因素，平均每年增长5.6%；农村居民人均纯收入则由1987年的463元提高到1578元，扣除价格因素，平均每年增长3%。到1997年，国民生产总值达到73452.5亿元，人均国民生产总值达到5941.5元。由此可见，按经济总量计算，早在1995年就完成了翻两番的任务。物质生活水平的提高，是实现小康的关键。据国家统计局有关报告说，1997年底物质生活水平实现小康水平的89.85%，其中东部地区为95%，中部地区为86%，西部地区为75%。城镇居民人均可支配收入为5160元，小康实现程度为99%；农村居民人均纯收入为2090元，小康实现程度为73.8%。

2.小康水平的实现程度

中国国家统计局为了使小康生活有一个比较全面综合的反映，曾经设计了一套小康生活的基本标准体系，并确定了标准体系的目标值。这套小康生活的基本标准体系由经济水平、物质生活、人口素质、精神生活、生活环境五个方面的指标组成，因为经济水平是小康的基础，物质生活和精神生活的提高，是实现小康的关键，人口素质的高低、社会文明程度和生活环境的改善则是一个国家一定时期生活质量的综合反映，都是小康社会不可少的衡量标准，所以这套标准体系比较科学地反映了小康生活应达到的水平，表格反映了1997年中国小康水平实现程度、具体情况和有待解决的问题。

表3.1　全国人民小康生活水平的基本标准和综合评价值

指标类型	指标名称	单位	指标数量值				1997年实现程度(%)
			1980年	1990年	1997年	2000年	
经济水平	人均国内生产总值	元	778	1634	3165	2500	100
物质生活							89.8
收入	城镇人均可支配收入	元	974	1523	2378	2400	98.5

续表

指标类型	指标名称	单位	指标数量值				1997年实现程度（%）
			1980年	1990年	1997年	2000年	
	农民人均纯收入	元	315	686	964	1200	73.3
居住	城镇人均住房使用面积	平方米	5.5	9.45	12.4	12	100
	农村人均钢筋砖木结构住房面积	平方米	4.5	11	16.1	15	100
营养	人均日蛋白质摄入量	克	50	62	68.4	75	73.6
交通	城市每万人拥有铺路面积	平方米	2.8	6	7.6	8	92.3
	农村通公路行政村比重	%	50	7.4	88.6	85	100
结构	恩格尔系数	%	60	56.8	50.5	50	95.0
人口素质							83.0
文化	成人识字率	%	68	77.7	83.3	85	91.2
健康	人均预期寿命	岁	68	70	70	70	100
	婴儿死亡率	%	34.7	32.9	33.0	31	45.9
精神生活							97.0
	教育娱乐支出比重	%	3	6.27	12.0	11	100
	电视机普及率	%	11.9	59.1	94.8	100	94.1
生活环境							
	森林覆盖率	%	12.0	13.0	13.4	15.0	46.7
	农村初级卫生保健基本合格以上县百分比	%	——	13.3	74.0	100	74.0

表3.2　1997年全国小康进程结构

实现程度	省市自治区数量(个)		人口数(亿)	比重(%)	
	总数	名称和地区分布		占总人口	占地区人口
90%以上	8	东部地区7：北京，上海，江苏，浙江，福建，广东 中部地区1：湖北	3.14	25.70	占东部地区人口62.39
80%至90%	8	东部地区4：河北、辽宁、山东、海南 中部地区4：吉林、安徽、江西、河南	4.23	34.61	占东中部地区人口44.96
70%至80%	7	东部地区1：广西 中部地区4：山西、内蒙古、湖南 西部地区2：四川、新疆	3.35	27.39	占中西部地区人口46.50
60%至70%	3	西部地区3：云南、陕西、宁夏	0.819	6.70	占西部地区人口29.01

实现程度	省市自治区数量(个)		人口数(亿)	比重(%)	
	总数	名称和地区分布		占总人口	占地区人口
不到60%	4	西部地区4：贵州、西藏、甘肃、青海	0.691	5.60	占西部地区人口24.48
合计	30	30	12.23	100	

资料来源　国家统计局统计科学研究所：《中国小康进程报告》，1998年9月22日。《经济工作者学习资料》1998年第58期。

表3.3　小康实现程度

项目	1990年	1995年	1997年	2000年预计
总体进程	46.32	76.98	86.52	94左右
经济水平	49.71	100.00	100.00	100
物质生活	49.89	76.09	89.85	100
人口素质	53.03	80.77	80.27	90左右
精神生活	47.23	73.99	97.05	100
生活环境	23.32	55.38	60.33	84左右
城镇进程	61.30	86.90	90.00	96左右
农村进程	53.10	71.90	81.50	93左右

资料来源　国家统计局统计科学研究所：《中国小康进程报告》，1998年9月22日。《经济工作者学习资料》1998年第58期。

<

改革开放以来，人民群众的生活水平持续提高。1996年，全国肉、蛋、水产品、蔬菜人均占有量均已达到或超过世界平均水平。越来越充实的"菜篮子"让大家切身感受到"奔小康"带来的实惠。图为1999年6月广西河池市一家农贸市场一角。

表3.4 1997年按地区小康实现程度

地区	综合	经济水平	物质生活	人口素质	精神生活	生活环境
东部实现程度	92%	100.0%	96.8%	96.0%	94.0%	69.0%
中部实现程度	84%	95.4%	87.0%	89.0%	88.0%	63.0%
西部实现程度	70%	82.0%	76.0%	55.0%	78.0%	58.0%

　　以上表格充分说明了中国的小康水平还是初步的，尽管经济总量已经达到一定规模，但人均水平还比较低；这一时期的小康基本上还处于生存性消费，发展性消费还没有得到有效满足，社会保障还不健全，环境质量还有待提高；这时的小康发展很不平衡，地区之间、城乡之间发展水平差距很大。

加入WTO和扩大两个"利用"

1.加入WTO

为了适应经济全球化的新形势和发展开放型经济的新要求，中国政府要在更大范围、更广领域和更高层次上参与国际经济技术合作和竞争；要在全方位、多层次、宽领域的对外开放新格局基础上，充分利用国内国际两个市场，优化资源配置，拓展发展空间，以开放促进改革和发展；要进一步融入世界。为此，中国政府进行了一系列的相关体制改革。

为加快市场经济体制的建立，并与国际贸易规则相适应，1994年以后中国连续对关税及非关税壁垒措施进行大幅度削减，使价格机制的作用逐步取代数量限制手段。主要内容包括：（1）连续大幅度降低关税，缩减配额及许可证管理的商品范围。（2）双重汇率并轨，实行有管理的浮动汇率制度，使汇率开始发挥对贸易及国际收

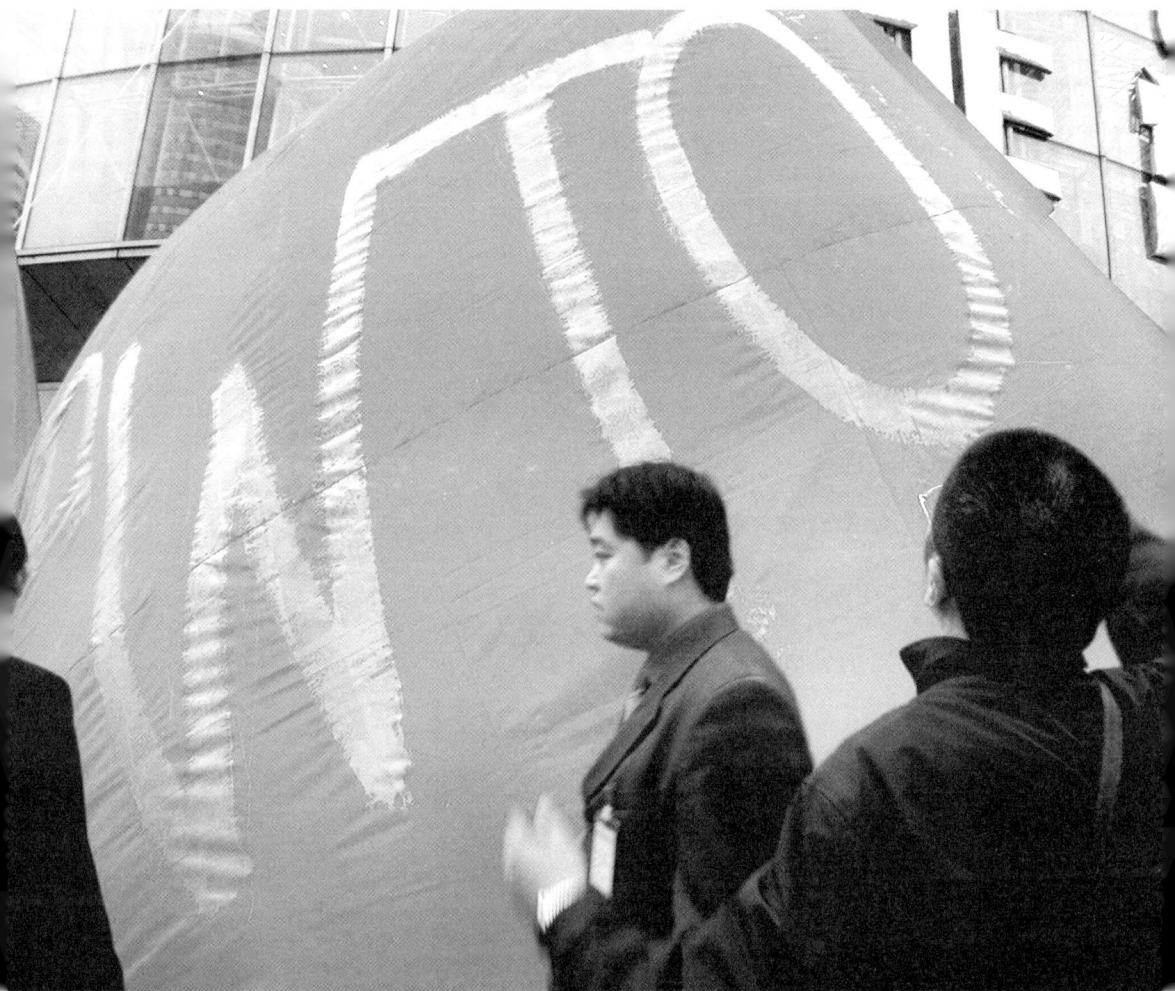

2001年11月10日，南京街头挂出大红标语，欢迎"WTO"的到来。当晚中国正式加入WTO。

支的调节功能。（3）加强对外贸易法制化管理，颁布了《中华人民共和国对外贸易法》及一些相应的实施细则。（4）取消外汇管制，实现人民币经常项目下的可兑换。（5）取消外贸承包制，按照现代企业制度改组国有外贸企业。

2001年9月17日，世界贸易组织中国工作组第18次正式会议在日内瓦通过了中国入世议定书及附件和中国工作组报告书。这标志着中国加入世贸组织的谈判至此全部结束。

2001年12月11日，中国正式成为世界贸易组织（WTO）第143个成员。中国加入世界贸易组织对中国有着重要的意义：（1）有利于改善中国的国际贸易环境。中国加入世界贸易组织后可获得多边最惠国待遇。同时，利用多边贸易体制，可实现出口市场多元化。（2）可享受发展中缔约方的优惠待遇，给中国的对外经济贸易的发展提供良好的机遇。（3）有利于中国吸收更多的外国投资。（4）能够促进中国改革开放与社会主义市场经济的发展，加速与国际市场的接轨，使中国经济保持高速发展。中国融入世界经济，对世界其他国家也有好处，中国是一个发展中的大国，也是一个贸易大国。中国加入世界贸易组织，可以促进世界贸易发展，促进外国企业对中国投资和更有效地配置资源。当然，加入世界贸易组织后，中国的很多产业也面临着挑战，比如纺织业、汽车制造业、化学工业、农业、银行业、保险业、信息产业等。

2. 扩大两个"利用"

为适应经济全球化的发展趋势，中国政府进行了一系列体制改革，充分利用国内国际两个市场，中国成为所有新兴经济中最开放的市场和经济体。中国外向型经济特别是加工贸易的迅猛发展使中国对外贸易迅速扩张，中国贸易占世界总量由1978年的不到1%上升为2002年的近5%。中国在全球贸易中的地位，从开放之初的第32位，上升为2002年超过英国成为第5大贸易国。2002年，中国对外贸易保持了强劲增长。货物贸易进出口总额达到6207.7亿美元，同比增长21.8%。累计实现贸易顺差303.6亿美元，较2001年增长34.6%。2002年中国对外服务贸易收支规模快速增长，逆差规模进一步扩大，但逆差扩大的速度有所放缓。2002年中国进出口总依存度为49.6%，其中进、出口依存度分别为23.6%、26%。尽管中国贸易依存度提高很快，但是仍低于世界平均水平。坚持实施市场多元化战略和以质取胜战略，大力开拓新兴市场，着力改善出口商品结构，提高质量和档次。中国利用外资水平明显提高。世界500强企业中已有400多家在华投资。到2001年底，已获准在华外商投资企业39万多个，同时中国累计在境外设立各类企业6310家。2012年中国新批设立外商投资企业24925家，实际使用外资金额1117.2亿美元。

高新技术产业、基础设施和服务业吸收外资明显增加。实施"走出去"战略，对外投资、工程承包和劳务合作不断扩大。鼓励有条件的各类所有制企业走出去，开拓国际市场，到境外投资办企业，带动设备、零部件出口和劳务输出。根据不同国家的情况，分别采取不同的投资、合作方式。对发展中国家特别是周边国家提供经济技术援助，开展带资承包，投资经营，提供无息、低息贷款。2012年，中国境内投资者共对全球141个国家和地区的4425家境外企业进行了直接投资，累计实现非金融类直接投资772.2亿美元。在经济全球化深入发展、国际竞争日趋激烈的情况下，只有顺应世界发展潮流，坚持扩大对外开放，才能更好地利用国内外两个市场、两种资源，加快发展壮大自己。面对严峻的国际经济环境，中国政府积极应对，趋利避害，变挑战为机遇，开创了对外开放的新局面。

四、全面建设小康社会

2002 年，中共十六大提出全面建设小康社会的奋斗目标。全面建设小康社会，是新历史起点上的继续前进。2003 年，中国人均国内生产总值突破 1000 美元，进入了国际上通常所说的工业化关键时期。这个时期既是"发展机遇期"，又是"矛盾凸显期"。2008 年爆发的金融危机由美国蔓延到全球，中国经济再一次经受严峻的考验。中国政府迅速启动四万亿经济刺激计划，进行有效应对。中国全面建设小康社会的进展虽面临考验，但仍稳步推进。

全面建设小康社会行动纲领

改革开放以来，中国的小康社会建设走过了不平凡的历程，小康社会从提出到完善、从总体达到小康水平到全面建设小康社会，概念的深化和目标的明晰体现了中国共产党不断的探索和思考。

1. 全面建设小康社会

2002年11月8日，中共十六大召开。会议提出了全面建设小康社会的行动纲领。纲领提出要在21世纪头20年，紧紧抓住这一重要战略机遇期，集中力量，全面建设惠及十几亿人口的更高水平的小康社会，使经济更加发展、民主更加健全、科教更加进步、文化更加繁荣、社会更加和谐、人民生活更加殷实。

所谓更高水平，就是用大体20年的时间，使中国国内生产总值比2000年翻两番，人均超过3000美元，相当于当时中等收入国家的平均水平，基

<

中共十六大提出全面建设小康社会的奋斗目标，一幅生活更加美好的蓝图展现在每个中国人面前。山东省枣庄市山亭区因地制宜，大力发展以樱桃为主的林果生态经济，既改善了当地的生态环境，又增加了农民收入。图为掩映在樱桃树丛中的小山村。（李宗宪摄／人民图片）

本实现工业化，建成完善的社会主义市场经济体制和更具活力、更加开放的经济体系。所谓更加全面，就是经济、政治、文化全面发展。全面建设小康社会的20年，是一个继续消灭局部贫困的阶段，是逐步提高小康水平和富裕程度的阶段，是由片面发展逐步转向全面发展的阶段，也就是由低水平小康到高水平小康的阶段。这是实现现代化建设第三步战略目标必经的承上启下的发展阶段，也是完善社会主义市场经济体制和扩大对外开放的关键阶段。经过这个阶段的建设，再继续奋斗几十年，到本世纪中叶基本实现现代化，把中国建成富强民主文明的社会主义国家。①

2.从总体小康到全面小康

总体小康是一个低标准的小康，一个偏重于物质消费的小康，一个低水平的、不全面的、发展很不均衡的初级阶段的小康。全面小康是一个较高标准的小康，除了注重物质生活的提高，还注重人们的精神生活、民主权利以及生活环境的改善等方面，追求的是物质、政治、精神生活和生态文明的共同发展和社会的全面进步。全面小康的基本标志能够反映以人为本的全面发展理念，保证科学发展、社会和谐。主要内容包括以下方面：

---

① 《人民日报》2002年11月11日第2版。

一是人均国内生产总值超过3000美元。这是实现全面建设小康社会目标的根本标志。

二是城镇居民人均可支配收入1.8万元（2000年不变价，下同）。过去20年，中国城镇居民人均可支配收入增长了3倍。

三是农村居民家庭人均纯收入8000元。

四是恩格尔系数低于40％。近些年，城镇居民消费的恩格尔系数下降了15个百分点，农村居民消费正处于新的升级过程中。2000年，全国恩格尔系数为46％。2020年前后下降到35％左右。

五是城镇人均住房建筑面积30平方米。2000年达到19平方米。预计2020年可以超过30平方米。

六是城镇化率达到50％。中国将坚持城镇化战略，工业化也进入加速发展阶段，城镇化率每年可以提高1个百分点，到2020年达到56％。

七是居民家庭计算机普及率20％。2000年，中国城乡居民家庭计算机普及率约为4.2％左右，其中城镇居民家庭计算机普及率为9.7％。到2020年可以基本实现计算机普及率20％的目标。

八是大学入学率20％。目前，中国大学入学率为11％。随着科教兴国战略力度的加大，社会力量参与办学，中国大学入学率到2020年有可能超过20％，达到25％。

九是每千人医生数2.8人。到2020年预计每千人超过3人。

十是城镇居民最低生活保障率95％以上。

科学发展观

改革开放以来，中国特色社会主义事业取得了举世瞩目的成就，但前进中也积累了不少问题。如经济发展和社会发展的不协调，居民收入差距、城乡和地区差距扩大，人民内部矛盾呈现上升趋势，生态环境恶化等等。这些问题引起全国人民的关注和焦虑。针对这种情况，中国共产党在思考如何使中国走上科学发展的道路。

1.科学发展观的提出

2003年"非典"发生后，如何防治"非典"成为一个时期的首要工作。2003年4月，胡锦涛到最早发生"非典"的广东视察，深入了解防治"非典"的情况，提出要坚持全面的发展观，积极探索加快发展的路子。这是科学发展观思想最早的雏形。

2003年7月，在全国防治"非典"工作会议上，胡锦涛发表讲话，强调：我们讲发展是执政兴国第一要务，绝不只是指经济增长，而是要坚持以经济建设为中心、在经济发展的基础上实现社会全面发展。要更好地坚持全面发展、协调发展、可持续发展的发展观。科学发展观的思想已见端倪。

同年10月召开的中共十六届三中全会，在通过的《中共中央关于完善社会主义市场经济体制若干问题的决定》中正式提出了科学发展观。全会强调：要按照统筹城乡发展、统筹区域发展、统筹经济社会发展、统筹人与自然和谐发展、统筹国内发展和对外开放的要求，更大程度地发挥市场在资源配置中的基础性作用，为全面建设小康社会提供强有力的体制保障。胡锦涛指出，全党一定要树立和落实科学发展观，不断探索促进全面发展、协调发展和可持续发展的新思路新途径。

2005年10月中共中央召开十六届五中全会，进一步提升了科学发展观的理论意义，强调：科学发展观是指导发展的世界观和方法论的集中体现，是推动经济社会发展、加快推进社会主义现代化必须长期坚持的重要指导思想。要坚持发展为了人民、发展依靠人民、发展成果由人民共享，不断实现好、维护好、发展好最广大人民的根本利益。这是对"以人为本"思想的科学阐发。

中共十七大报告对中国未来发展道路进行了系统的政策谋划。报告对科学发展观进行了历史定位，对十六大以来科学发展观这个理论创新的新成果进行了新的概括，又结合全面建设小康社会的新要求对科学发展观这个重大战略思想的贯彻落实进行了系列部署，实现了对科学发展观理论和实践的进一步丰富和发展。

科学发展观，是以胡锦涛为总书记的中共中央立足社会主义初级阶段基本国情，总结中国发展实践，借鉴国外发展经验，适应新的发展要求提出来的。科学发展观是中国经济社会发展的重要指导方针，是发展中国特色社会主义必须坚持和贯彻的重要战略思想。

2. 和谐社会的提出

科学发展观提出后，中国共产党继续思考现代化建设的目标问题，即要建设一个什么样的社会。2004年9月，中共十六届四中全会提出构建社会主义和谐社会的战略任务。2005年2月，胡锦涛在中央党校省部级主要领导干部专题研讨班上，对构建社会主义和谐社会的重大战略思想做了全面论述，深刻阐明了社会主义和谐社会的主要特征是民主法治、公平正义、诚信友爱、充满活力、安定有序、人与自然和谐相处。

社会主义和谐社会是一个新思想，但它的提出并不是凭空想象的，而是有其深厚的思想渊源，与科学发展观的提出可以说是一脉相承。构建社会主义和谐社会是人民的共同愿望，目的也是为了实现每个人能在公正进步、富裕安定、和谐有序的社会环境中生存发展，这充分体现了科学发展观的重要内涵和根本要求。由此可见，构建社会主义和谐社会同树立和落实科学发展观的内容是有机统一的。

科学发展观揭示了社会主义和谐社会建设的本质要求。以人为本是科学发展观的核心和本质，也是建设社会主义和谐社会的本质要求。科学发展观集中反映了社会主义和谐社会建设的基本规律。科学发展观突出强调了发展的全面性、协调性和可持续性，这实际上就是社会主义和谐社会建设始终遵循的基本规律。

2006年10月，中共十六届六中全会通过了《中共中央关于构建社会主义和谐社会若干重大问题的决定》。全会明确了构建社会主义和谐社会在中国特色社会主义事业总体布局中的地位，作出一系列决策部署，推动和谐社会建设取得新的成效。经过长期努力，中国拥有了构建社会主义和谐社会的各种有利条件。构建和谐社会必须遵循六大原则：一是必须坚持以人为本；二是必须坚持科学发展；三是必须坚持改革开放；四是必须坚持民主法治；五是必须坚持正确处理改革发展稳定的关系；六是必须坚持在党的领导下全社会共同建设。

到2020年，构建社会主义和谐社会的九大目标和主要任务是：社会主义民主法制更加完善，依法治国基本方略得到全面落实，人民的权益得到切实尊重和保障；城乡、区域发展差距扩大的趋势逐步扭转，合理有序的收入分配格局基本形成，家庭财产普遍增加，人民过上更加富足的生活；社会就业比较充分，覆盖城乡居民的社会保障体系基本建立；基本公共服务体系更加完备，政府管理和服务水平有较大提高；全民族的思想道德素质、科学文化素质和健康素质明显提高，良好道德风尚、和谐人际关系进一步形成；全社会创造活力显著增强，创新型国家基本建成；社会管理体系更加完善，社会秩序良好；资源利用效率显著提高，生态环境明显好转；实现全面建设惠及十几亿人口的更高水平的小康社会的目标，努力形成全体人民各尽其能、各得其所而又和谐相处的局面。

3. 从"三位一体"到"五位一体"战略布局

中共十二届六中全会首次提出了中国社会主义现代化建设的"总体布局"这一概念。中共十三大明确把"富强、民主、文明"作为社会主义现代化的奋斗目标。中共十五大、十六大进一步明确了中国社会主义经济建设、政治建设、文化建设全面发展的目标和政策，深化了对现代化建设总体布局的认识。中共十六大以后，提出了构建社会主义和谐社会的重大任务，使社会主义事业总体布局由经济建设、政治建设、文化建设"三位一体"发展为包括社会建设在内的"四位一体"。中共十七大在论述实现全面建设小康社会奋斗目标时，已经提出了"建设生态文明"的新要求，但是在总体布局中把它作为经济建设的一个组成部分来安排。中共十八大从中国特色社会主义事业长远发展出发，将经济建设、政治建设、文化建设、社会建设、生态文明建设这五大建设相提并论、全面部署，并且明确提出"建设中国特色社会主义，总布局是五位一体"，表明中国特色社会主义事业的总体布局已经日益成熟。

从"三位一体"、"四位一体"到"五位一体"的发展轨迹来看，中国特色社会主义伴随着现代化事业的拓展而不断前进。一是根据时代要求提升发展目标。中共十六大和十七大提出的全面建设小康社会的奋斗目标，描绘了到2020年中国特色社会主义事业发展的宏伟蓝图。十八大立足于全面建成小康社会的总体目标，提出了一些新的目标要求。例如，根据中国特色社会主义总体布局，首次明确提出加快建立生态文明制度的改革目标要求，使生态文明与经济、政治、文化、社会建设有机结合，在奋斗目标上完整体现了"五位一体"总体布局的要求。二是提出两个一百年奋斗目标。第一次明确将两个100年奋斗目标摆在全党面前，即在中国共产党成立一百年时全面建成小康社会，在新中国成立一百年时建成富强民主文明和谐的社会主义现代化国家，将全面建成小康社会的奋斗目标与实现社会主义现代化的长远目标有机衔接起来。三是系统提出全面建成小康社会的定性目标要求。根据现代化内涵与要求，提出一系列具有深刻内涵的定性目标要求。如国内生产总值和人均收入比2010年翻一番，工业化基本实现，进入创新型国家行列，区域协调发展机制基本形成；依法治国方略全面落实，法治政府基本建成；公共文化服务体系基本建成，文化产业成为国民经济支柱性产业；基本公共服务均等化总体实现，教育现代化基本实现，社会保障全民覆盖；主体功能区布局基本形成，资源循环利用体系初步建立，等等。这些定性目标要求构成了全面建成小康社会的基本蓝图和愿景，也是全面建成小康社会的战略部署。中共十八大按照全面深化改革的要求，提出"五大改革"、"一个格局"。"五大改革"：一是加快经济体制改革；二是加快政治体制改革；三是加快文化体制改革；四是加快社会体制改革；五是加快建立生态文明制度。"一个格局"，即构建区域协调发展格局，加大对农村和中西部地区扶持力度，支持这些地区加快改革开放、增强发展能力、改善人民生活。鼓励有条件的地方在现代化建设中继续走在前列，为全国改革发展做出更大贡献。

<

2006年3月18日，全国马克思主义理论研究和建设工程全面落实科学发展观第三次研讨会于广东湛江举行，"如何全面落实科学发展观建设社会主义新农村"是本次研讨活动的主题。图为会议现场。

经济较快发展与社会全面进步

进入21世纪，中国共产党为推动经济又好又快发展以及促进社会全面进步出台了一系列方针政策，使社会主义市场经济走向新的发展阶段。

1.完善社会主义市场经济体制、加强宏观调控

2003年10月召开的十六届三中全会，通过了《关于完善社会主义市场经济体制若干问题的决定》，明确了完善社会主义市场经济体制的目标和任务。要按照统筹城乡发展、统筹区域发展、统筹经济社会发展、统筹人与自然和谐发展、统筹国内发展和对外开放的要求，更大程度地发挥市场在资源配置中的基础性作用，增强企业活力和竞争力，健全国家宏观调控，完善政府社会管理的公共服务职能，为全面建设小康社会提供强有力的体制保障。

2. 工业"反哺"农业与推进社会主义新农村建设

随着国民经济快速发展，农业税在中国财政收入中的比重逐步变小，2004年已降至不到1%。2004年中央一号文件出台的"两减免、三补贴"，2005年中央又一次把支持"三农"作为一号文件的主题，反映出中国在发展战略及政策思路方面的重大变化，即从在农业中提取积累转向工业反哺农业。2005年10月召开的中共十六届五中全会提出建设社会主义新农村的战略任务，提出了"生产发展、生活宽裕、乡风文明、村容整洁、管理民主"的要求。同年12月，中央发布《关于推进社会主义新农村建设的若干意见》。2006年1月1日起，正式废除农业税。随后，国务院颁布《关于解决农民工问题的若干意见》，各地按照中央的部署和要求，从实际出发，尊重农民意愿，推进新农村建设的各项工作，使农村经济和农村面貌发生新的深刻变化。2007年，党的十六届五中全会提出要"实行工业反哺农业、城市支持农村"，以"推进社会主义新农村建设"，这是一项重要的宏观经济政策。"十七大"高屋建瓴，指出了中国农业的发展方向，指出要把农业发展放到国民经济发展中统筹考虑，把农村繁荣放到全面建设小康社会的进程中统筹规划，把农民增收放到国民收入分配和再分配的总体格局中统筹协调，提出要建立以工促农、以城带乡长效机制，形成城乡经济社会发展一体化新格局。

在"反哺"政策下，几年来，财政支农的力度不断加大。2003年，全国农业财政收入为9850.0亿元，而财政支出为17229.9亿元，2006年，全国农业财政收入为18303.6亿元，而农业财政支出为30431.3亿元。四年来，财政净支出的平均增长速度为16.1%。2004年，中国政府安排粮食直补资金116亿元，占补贴资金总额的96%，近6亿种粮农民直接享受到了国家补贴政策带来的实惠。全国13个粮食主产省通过粮食直补，使13892万户农民，平均每户增收74元。国家还对13个粮食主产省安排了良种补贴资金28.5亿元，农机具购置补贴资金7000万元。2005年享受免征农业税的农民将达到8亿人。2005年全国粮食直补资金将比2004年增长13.8%。2006年，粮食直补资金又增加10多亿元。

建设社会主义新农村，是中国政府统揽全局、着眼长远、与时俱进做出的重大决策，是对中国经济社会发展规律、发展阶段和发展任务的科学把握，也是新阶段"三农"工作指导思想的深化、升华和发展。中共十六大以来，中央提出把解决好"三农"问题作为全党工作重中之重的基本要求，明确了统筹城乡发展的基本方略，制定了"多予少取放活"和工业反哺农业、城市支持农村的基本方针，规划了建设社会主义新农村的基本任务。建设社会主义新农村，是贯彻落实科学发展观的重大举措，是确保现代化建设顺利推进的必然要求，是全面建设小康社会的重要任务，是保持国民经济平稳较快发展的持久动力，是构建社会主义和谐社会的重要基础。建设社会主义新农村是中国现代化进程中的重大历史任务。全面建设小康社会，最艰巨最繁重的任务在农村。

3.大力建设创新型国家

2005年10月，胡锦涛在中共十六届五中全会上明确提出建设创新型国家的任务。2006年，在全国科技大会上，胡锦涛指出，要坚持走中国特色自主创新道路，用15年左右时间把中国建设成为创新型国家，阐述了"自主创新、重点跨越、支撑发展、引领未来"的指导方针，并提出了要突出抓好的重点工作。随后，中央下发了《关于实施科技规划纲要增强自主创新能力的决定》、《国家中长期科学和技术发展规划纲要（2006～2020）》，建设创新型国家的战略正式启动。

4.加强民主法制建设

2003年，中共十六届二中全会通过《关于深化行政管理体制和机构改革的意见》，提出形成行为规范、运转协调、公正透明、廉洁高效的行政管理体制的要求。2004年3月，制定了《全面推进依法行政实施纲要》,明确了建设法治政府的目标和任务。2005年1月,提出进一步加强中国共产党领导的多党合作和政治协商制度建设的意见。同年5月,提出进一步发挥全国人大作用、加强全国人大常委会制度建设的意见。积极推进基层民主建设,进一步健全村务公开和村民自治制度,继续完善城市社区居民自治和基层管理体制。《行政许可法》等一批法律法规相继制定或修改实施,中国特色社会主义法律体系进一步完善。2007年10月,胡锦涛在党的十七大报告中明确指出:"行政管理体制改革是深化改革的重要环节",并对"加快行政管理体制改革,建设服务型政府"作出了新的部署。2008年2月23日,胡锦涛总书记在主持中共中央政治局第四次集体学习时指出:"建设服务型政府,首先要创新行政管理体制。要着力转变职能、理顺关系、优化结构、提高效能,把政府主要职能转变到经济调节、市场监管、社会管理、公共服务上来,把公共服务和社会管理放在更加重要的位置,努力为人民群众提供方便、快捷、优质、高效的公共服务。"

5.建立覆盖全社会的保障体系

在基础教育方面,到2007年,继西部地区之后,中、东部地区全面启动农村义务教育经费保障新机制改革,对义务教育阶段学生全部免除学杂费，其中贫困家庭学生免费提供课本和补助寄宿生生活费。对教育部直属师范大学师范生开始实行免费教育。在社会医疗保障方面，2003年起政府着手建立城乡医疗救助制度。城镇职工基本医疗保险的参保人数已超过1.6亿人，没有医疗保险制度安排的只剩下城镇非从业居民。这些人群主要依靠家庭提供医疗费用。2007年7月，中国开始部署城镇居民基本医疗保险试点工作，医保大门向2亿非从业城镇居民开启。此外，在占人口多数的农村，新型农村合作医疗制度也由试点进入全面推进阶段。从2003年开始，新农合试点在全国范围不断扩大。

在社会保障方面，继2005年实现了城镇居民最低生活保障之后，也加快了覆盖整个农村的最低生活保障体系的建设。2006年全面实施了农村低保制度的23个省份，平均补助水平为月人均35.4元，其中，东部地区50.9元，中部地区25.3元，西部地区25.5元。2007年，全国农村最低生活保障对象为1788.4万人，另外，还有农村特困救助对象577.5万人。从2007年开始，中央财政将对财政困难地区实施农村低保制度给予资金补助。中央对地方的补助，将成为支持地方建立和完善农村低保制度的重要资金来源。

此外，在这个阶段，继续完善市场经济体制的宏观调控体系和微观运行基础的改革仍在持续推进，例如将生产型增值税转变为消费型增值税的改革、加强资本市场监管、反对垄断、扩大民营经济进入领域、发展农业合作经济组织、整顿市场秩序、规范劳动合同、建立社会保障体系等一系列改革。

6.实施生态文明建设措施

1999年，四川、陕西、甘肃3省率先开展了退耕还林试点，由此揭开了中国退耕还林的序幕。2000年《国务院关于进一步做好退耕还林还草试点工作的若干意见》，2002年《国务院关于进一步完善退耕还林政策措施的若干意见》和《退耕还林条例》的规定，2001～2010年退耕还林1467万公顷的规模工程建设范围包括北京、天津、河北、山西、内蒙古、辽宁、吉林、黑龙江、安徽、江西、河南、湖北、湖南、广西、海南、重庆、四川、贵州、云南、西藏、陕西、甘肃、青海、宁夏、新疆等25个省（区、市）和新疆生产建设兵团，共1897个县（含市、区、旗）。

节能减排是充分利用能源，有效保护环境的措施。胡锦涛曾指出，能源资源是人类社会生存和发展的重要物质基础，也是全面建设小康社会、加快推进社会主义现代化的重要物质基础。坚持节约资源的基本国策，加快建设资源节约型、环境友好型社会，促进经济发展与人口、资源、环境相协调，是贯彻落实科学发展观、走新型工业化道路的必然要求，是实现可持续发展、保障经济安全和国家安全的必然要求。2007年，国务院总理温家宝强调要进一步加强节能减排工作，并阐述了今后中国节能减排工作的主要措施。

中国在十一五期间确定了单位GDP能耗下降20％，污染物排放下降10％的目标。在4万亿元新增投资当中，节能减排和生态建设工程直接投资约2100亿元，间接投资约3800亿元。项目涉及重点流域污染防治，垃圾无害化处理，天然林保护和防护林建设等领域。据统计，2008年，环境保护部共否决了156个高污染高资源消耗项目。通过落实减排措施，能够削减二氧化硫46万吨，化学需氧量COD3.84万吨。同时，对环境问题严重的地区缓批项目。中国已经成为世界上脱硫装机规模最大的国家。新增城市污水处理能力每天1148万吨，已经成为世界上污水处理规模第二大的国家。安排了5亿元支持700个村镇开展环境综合整治和生态示范建设。中国新修订的《水污染防治法》已经开始实施，中国还颁布了《民用建筑节能条例》和《公共机构节能条例》等法规，发布了一系列节能环保措施。①

7.发展社会主义先进文化

2003年6月，中央召开全国文化体制改革试点工作会议，部署

---

① 人民网 2009 年 8 月 14 日。

在北京、上海等九个省市和一批文化单位展开试点工作。2005年12月，在总结试点工作成功经验的基础上，中共中央、国务院颁布《关于深化文化体制改革的若干意见》，确定文化体制改革的指导思想、原则要求和目标任务，文化体制改革在全国逐步推开。

8.成功应对世界金融危机

2007年4月，美国爆发了"次贷危机"，它像洪水一样迅速席卷了美国、欧洲各大金融机构，并由此引发了全球金融危机。金融危机爆发以来，不仅美国金融机构住房抵押贷款损失大幅度增加，许多持有美国住房抵押贷款支持债券的机构也出现较大亏损。

美国是中国的第二大贸易伙伴。美国进口需求的下降导致中国出口受到严重影响。2007年，中国的GDP增长速度达到13.0%，2008年，则迅速降为9.0%。

国际金融危机发生不久，中国政府审时度势，果断出手。国务院召开常务会议，确定实行积极的财政政策和适度宽松的货币政策，并进一步推出扩大内需、促进经济增长的十项措施。启动4万亿投资扩张计划。2009年1月14日至2月25日的40天内，国务院相继审议通过了汽车、钢铁、纺织、装备制造、船舶、电子信息、轻工、石化、有色金属、物流等十项重点产业调整和振兴规划。2009年正式启动医改，全体城乡居民都将纳入基本医疗保障。国家对教育的投入大幅度增加。保障性住房建设提速，2009年中央财政安排保障性安居工程增加到493亿元，增长1.7倍。3年内，约750万户城市低收入家庭、240万户林区垦区等棚户区居民的住房困难提前解决。在一系列政策措施的刺激下，2009年一季度中国经济已经出现了积极的变化。

2012年3月21日，温家宝在北京人民大会堂会见出席"中国发展高层论坛2011年会"的70名境外代表时说，"十二五"规划纲要给中国发展带来了信心和希望，也给世界带来了信心和希望。中国的发展离不开世界，世界的发展也离不开中国。中国越发展，就越要同各国加强合作。中国的对外开放方针不会改变，吸引外资和引进先进技术和管理经验的政策只会加强，不会削弱。他还表示，在世界经济回升向好的形势下，国际社会应该继续发扬同舟共济的精神，密切协调配合，齐心协力促进世界经济实现强劲、可持续、平衡增长。

实践证明，中国应对国际金融危机采取的方针和一揽子计划是正确有效的。2009年中国经济增长率为9.2%，2010年中国经济增长率为10.3%，2006～2010年，国内生产总值年均实际增长11.2%，不仅远高于同期世界经济年均增速，而且比"十五"时期年平均增速快1.4个百分点，是改革开放以来最快的时期之一。2011年中国经济增长率为9.2%，2012年中国经济增长率为7.8%。

科学发展观为社会主义新农村建设带来了新思路、新气象。科技农业、规模农业、生态农业、绿色农业、观光农业、特色农业等新型农业百舸争流，农业现代化呈现出宽领域、多层次立体推进的喜人势头。图为北京近郊一处农业观光主题的农庄里，盛开的香草花卉和各种休闲避暑的项目吸引了许多城里人前来游玩。（摄于2012年7月）

近十年发展成就

经济平稳较快增长。2002年到2012年十年间，中国经济快速增长，2006年增长12.7%，2007年加速到14.2%，2008年为9.6%。2009年为9.2%，与世界经济下降0.6%形成鲜明对照。2010年经济增长进一步回升到10.3%，明显快于世界主要国家的平均增速。2006～2010年，中国国内生产总值年均实际增长11.2%，不仅远高于同期世界经济年均增速，而且比"十五"时期年平均增速快1.4个百分点，是改革开放以来最快的时期之一。2008年至2012年，中国国内生产总值从26.6万亿元增加到51.9万亿元，跃升到世界第二位；公共财政收入从5.1万亿元增加到11.7万亿元；累计新增城镇就业5870万人，城镇居民人均可支配收入和农村居民人均纯收入年均分别增长8.8%、9.9%；粮食产量实现"九连增"；重要领域改革取得新进展，开放型经济达到新水平；创新型国家建设取得新成就，载人航天、探月工程、载人深潜、北斗卫星导航系统、超级计算机、高速铁路等实现重大突破，第一艘航母"辽宁舰"入列；成功举办北京奥运会、残奥会和上海世博会；夺取抗击汶川特大地震、玉树强烈地震、舟曲特大山洪泥石流等严重自然灾害和灾后恢复重建重大胜利。中国社会生产力和综合国力显著提高，人民生活水平和社会保障水平显著提高，国际地位和国际影响力显著提高。

国家财政实力明显增强。经济快速增长带来了国家财政收入的稳定增长。中国财政收入2007年超过5万亿，达到51322亿元；2008年超过6万亿，达到61330亿元；2010年超过8万亿，达到83080亿元，2012年达到11.72万亿。

国家外汇储备大幅增加。中国外汇储备2006年突破1万亿美元，达到10663亿美元；2009年突破2万亿美元，达到23992亿美元。2010年末，中国外汇储备已达到28473亿美元，2012年达到3.31万亿美元，连续多年稳居世界第一位。

内需拉动及经济转型作用效果明显。国内需求对经济增长的贡献率大幅提高，特别是在应对国际金融危机冲击中，扩大内需政策起到了极为关键的作用。2006～2010年，国内需求对经济增长的贡献率分别为83.9%、81.9%、91.0%、138.9%和92.1%。2009年，在外需对经济增长为负贡献的条件下，国内需求增长有效弥补了外需下降的影响，对经济增长的贡献率高达138.9%。与2005年相比，

2010年中国国内需求对经济增长的贡献率提高了15.2个百分点。

2012年底，城镇和农村人均住房面积32.9平方米、37.1平方米，分别比2007年增加2.8平方米和5.5平方米；城镇居民每百户拥有家用汽车21.5辆，比2007年增加15.5辆；旅游、文化消费大幅增加。

"走出去"战略持续发力。为应对外部环境的急剧变化，及时出台稳定外需的政策措施，实施市场多元化战略，进出口总额年均增长12.2%，从世界第三位提升到第二位，其中出口额跃居世界第一位，利用外资的结构和布局明显优化，质量和水平显著提升。鼓励各类企业开展对外投资和跨国经营，非金融类对外直接投资从2007年的248亿美元上升到2012年的772亿美元，年均增长25.5%，跻身对外投资大国行列。

产业结构持续改善。服务业发展加快，比重提高。2006～2010年，第三产业年均增长11.9%，比"十五"时期加快1.4个百分点。2010年，第三产业占国内生产总值的比重为43.0%，比2005年提高2.5个百分点。而第二产业占国内生产总值的比重则由2005年的47.4%下降到2010年的46.8%，第一产业的比重由12.1%下降到10.2%。到2012年，中国制造业规模跃居全球首位，高技术制造业增加值年均增长13.4%，成为国民经济重要先导性、支柱性产业；清洁能源、节能环保、新一代信息技术、生物医药、高端装备制造等一批战略性新兴产业快速发展。产品质量整体水平不断提高。服务业增加值占国内生产总值比重提高2.7个百分点，成为吸纳就业最多的产业。

城镇化水平显著提升。随着经济的发展，城镇化步伐快速推进。2009年，中国城镇人口占总人口的比重为46.6%，比2005年提高3.6个百分点，年均提高0.9个百分点。中西部地区城镇化步伐明显加快。由大中小城市和小城镇构成的城镇体系初步形成，城市群迅速崛起，人口和经济集聚能力显著增强。到2012年，我国城镇化率达到52.6%，城乡结构发生了历史性变化。

区域发展的协调性增强。中西部地区加快发展，经济总量和投资占全国的比重持续上升，区域发展呈现出协调性增强的趋势。在实施区域发展总体战略方面，颁布了全国主体功能区规划，制定西部大开发新十年指导意见和一系列区域发展规划，加快推进西藏、新疆等地区跨越式发展，制定实施新十年农村扶贫开发纲要，将扶贫标准提高到2300元(2010年不变价)，加强集中连片特殊困难地区扶贫攻坚。中西部和东北地区主要发展指标增速高于全国平均水平，东部地区产业转型升级步伐加快，各具特色、良性互动的区域发展格局正在形成。城乡、区域发展的协调性明显增强。

"三农"工作继续扎实推进，为实现城乡统筹发展奠定了基础。"十一五"期间，中央财政"三农"投入累计近3万亿元，年均增幅超过23%。彻底取消农业税和各种收费，结束了农民种田交税的历史，每年减轻农民负担超过1335亿元。建立种粮农民补贴制度和主产区利益补偿机制，农民的生产补贴资金2010年达到1226亿元。对重点粮食品种实行最低收购价和临时收储政策，小麦、稻谷最低收购价提高了25%到40%。粮食产量屡创历史新高，补贴资金从2007年的639亿元增加到2012年的1923亿元。实行粮食最低收购价政策，小麦、稻谷最低收购价累计提高41.7%到86.7%。大力兴修水利，开展农村土地整治，建设高标准农田，耕地面积保持在18.2亿亩以上。粮食综合生产能力跃上新台阶，粮食总产量"九连增"并连续6年稳定在万亿斤以上。新建改建农村公路146.5万公里，改造农村危房1033万户，解决了3亿多农村人口的饮水安全和无电区445万人的用电问题，农村生产生活条件不断改善。

社会事业和民生工作取得了显著成效。城乡居民基本养老保险实现了制度全覆盖，各项养老保险参保达到7.9亿人。全民基本医保体系初步形成，各项医疗保险参保超过13亿人，加强城乡基层医疗卫生服务体系建设，建立基本药物制度并在基层医疗机构实施，公立医院改革试点稳步推进。健全城乡居民低保、医疗、教育、法律等救助制度，改革完善孤儿保障、流浪儿童救助保护、农村五保供养制度。国家财政安排专项资金，改造和新建2.3万所乡镇卫生院、1500所县医院、500所县中医院和1000所县妇幼保健院，建立了

2400所社区卫生服务中心。建立健全城镇保障性住房制度,覆盖面逐步扩大,2012年底已达到12.5%。

全面实现城乡免费义务教育,所有适龄儿童都能"不花钱、有学上"。义务教育阶段教师绩效工资制度全面实施。中等职业教育对农村经济困难家庭、城市低收入家庭和涉农专业的学生实行免费。加快农村中小学危房改造和职业教育基础设施建设。全面提高高等教育质量和水平,增强高校创新能力。

2002年以来,中国加快文化体制改革,推动社会主义文化事业的发展。2003年确定了北京、上海、重庆、广东、浙江、深圳、沈阳、西安、丽江等9个综合性试点地区和35个文化试点单位;2005年底出台《关于深化文化体制改革的若干意见》,北京等9个原有综合性试点地区率先将改革全面推开,除新疆、西藏以外的其他省区市,都要在试点的基础上逐步将改革推开;2009年出台《文化产业振兴规划》,随后基本完成出版、发行、电影、文化市场管理等领域改革,积极推进文艺院团、新闻媒体等领域改革,将文化体制改革全面推开。十年来,中国基本完成了出版、影视制作、发行、广电传输和一般国有文艺院团、首批非时政类报刊出版单位等国有经营性文化单位转企改制。除新疆、西藏外,全国29个省区市的副省级及以下城市已基本完成文化市场综合执法机构组建和文化、广电、新闻出版等有关行政管理部门整合。新闻出版系统和广电系统行政管理部门实现了"局社分开"、"局台分开"，文化行政管理部门正在由办文化向管文化转变，由主要管理直属单位向社会管理转变，由行政管理为主向行政、法规、经济等综合管理转变，文化宏观管理体制进一步完善。"十一五"期间，各级财政对文化的投入大幅增加，年均增长22.2％，农村电影放映工程在"十一五"期间实现了数字化，累计组建农村数字院线240条，放映队4万多支，年放映达800万场，农家书屋工程"十一五"期间从无到有，建成39万家，覆盖50％的行政村。2004年至2008年，中国文化产业增加值年平均现价增长速度达22％，高于同期GDP年平均现价增长速度3.6个百分点。北京、上海、广东等省市2010年文化产业增加值占国民经济比重已超过或接近5％，成为当地经济发展支柱性产业。目前，上市文化企业已有41家，总市值千亿元计，文化板块已成为A股市场的一股新兴力量。已有民营文艺院团10000多家，混合所有制及民营广播影视制作经营企业5000多家，民营企业在印刷复制企业中比重占80％以上、在出版物发行企业中占70％以上。中国长篇小说创作生产量每年都达到上千部，新创作并首演的剧目每年也达上千种，电影产量由2003年的100部以下上升到2010年的526部，成为世界第三大电影生产国，票房增速连续6年保持30％以上。影视动画产量从2005年的4.2万分钟增加到2010年的22万分钟，增长了4倍以上。

新疆巴里坤县下涝坝乡小红柳峡的定居新村全貌。"定居兴牧"工程给牧民们带来安定的生活环境。（张建刚摄／人民图片）

黑龙江省牡丹江市桦林镇的孩子欣喜地捧起自来水。该镇输配水管网工程的完成，使4.3万居民告别了饮用地下水的历史。（庄文斌摄／人民图片）

据统计，截至2013年4月，中国共有文化及相关产业法人单位69.8万家。2005～2012年间，文化产业法人单位增加值年均增长超过23%，高于同期GDP年均增速。中国图书出版、电视剧生产居世界第一，电影票房居世界第二。电影票房从2003年的11亿元，增长到2012年的170.73亿元。中华文化"走出去"步伐明显加快，国际竞争力和影响力明显增强。以企业为主体的文化贸易不断扩大，全方位、多层次、宽领域的文化"走出去"格局正在形成。图书版权进出口比例由2003年的9∶1下降为2010年的3∶1。

进入新世纪，中国外交进行着深刻的变革，展现了一个负责任大国的形象。中国已成为国际舞台上举足轻重的力量，为维护世界和平、促进共同发展，构建"和谐世界"发挥了积极而重要的作用。十年来，中国在和平共处五项原则基础上，积极发展同各国的友好合作，广结朋友。目前，中国已经与十多个国家建立了战略伙伴关系、战略合作关系以及战略合作伙伴关系等新型合作模式；深化和拓展了与广大发展中国家传统友谊及务实合作。在处理与周边国家的关系时，提出了"与邻为善、以邻为伴"的方针和"睦邻、安邻、富邻"的政策，把与邻国共同繁荣当做自身发展战略的一部分。十年来，中国积极探索新型大国关系，与世界各主要大国间的关系日趋成熟。在大国外交平衡推进的背景下，中美对话机制日臻多元，从战略与经济对话，到人文交流、高层磋商等，中美关系保持了稳定发展的态势。中俄关系也达到了一个前所未有的高水平，中俄参与组建的上海合作组织目前已成为维护地区安全与稳定、促进成员国共同发展与繁荣的中坚力量。中国高度重视中欧关系，支持欧洲及其一体化进程。面对日益增多的全球性挑战，中国坚持自身利益与世界各国人民利益的一致性，全面参与联合国发展领域工作与海外维和行动，为推动实现千年发展目标发挥重要作用；积极参与应对国际金融危机、气候变化的国际合作，成为全球共同发展的推动者；积极引导国际体系改革，提升发展中国家的发言权和话语权。同时，积极开展公共外交和民间外交，提升中国在国际上的亲和力和感召力，让国际社会了解一个更加真实的中国。

中国坚持走和平发展道路，积极探索中国特色大国外交。中国坚持和平发展，突出互利共赢，积极发展新型大国关系。中国致力于构建和平稳定发展繁荣的周边环境。中国弘扬新型义利观，构建与发展中国家的命运共同体。中国扩大开放，承担积极有为的国家责任，提供公共产品。中国坚持以人为本、外交为民的理念，维护好中国公民在海外的合法权益。中国外交正在从国际关系和国际秩序"建设性参与者"向"积极的改革者"转变，中国外交不仅维护中国国家利益，而且捍卫国际公平正义。

五、全面建成小康社会的新部署

2012年11月15日，中共中央总书记习近平在政治局常委见面会上的讲话中提到："我们的人民热爱生活，期盼有更好的教育、更稳定的工作、更满意的收入、更可靠的社会保障、更高水平的医疗卫生服务、更舒适的居住条件、更优美的环境，期盼着孩子们能成长得更好、工作得更好、生活得更好。人民对美好生活的向往，就是我们的奋斗目标。"着眼于全面建成小康社会、实现社会主义现代化和中华民族伟大复兴，中共十八大提出实现居民收入增长和经济发展同步、劳动报酬增长与劳动生产率提高同步，让国民生产总值、城乡居民在未来10年内（2020年较2010年）收入翻番。"在中国共产党成立一百年时全面建成小康社会"，"在新中国成立一百年时建成富强民主文明和谐的社会主义现代化国家"。全面建成小康社会的新部署已经拉开大幕。

"十二五"规划和远景目标

2011年3月，十一届人大审议通过《中华人民共和国国民经济和社会发展第十二个五年（2011—2015年）规划纲要》正式出台。

"十二五"规划纲要关于经济社会发展的主要目标是：

经济平稳较快发展。国内生产总值年均增长7%，城镇新增就业4500万人，城镇登记失业率控制在5%以内，价格总水平基本稳定，国际收支趋向基本平衡，经济增长质量和效益明显提高。

结构调整取得重大进展。居民消费率上升。农业基础进一步巩固，工业结构继续优化，战略性新兴产业发展取得突破，服务业增加值占国内生产总值比重提高4个百分点。城镇化率提高4个百分点，城乡区域发展的协调性进一步增强。

科技教育水平明显提升。九年义务教育质量显著提高，九年义务教育巩固率达到93%，高中阶段教育毛入学率提高到87%。研究

在"十二五"规划的制定过程中，中国政府更加注意决策的科学化、民主化和规范化，充分保障人民群众行使当家做主的权利，使得规划能够更好地体现人民的意愿。图为2011年9月16日浙江省政协举行的"十二五"规划启动年有关问题专项民主监督听证会场景。

与试验发展经费支出占国内生产总值比重达到2.2%，每万人口发明专利拥有量提高到3.3件。

资源节约环境保护成效显著。耕地保有量保持在18.18亿亩。单位工业增加值用水量降低30%，农业灌溉用水有效利用系数提高到0.53。非化石能源占一次能源消费比重达到11.4%。单位国内生产总值能源消耗降低16%，单位国内生产总值二氧化碳排放降低17%。主要污染物排放总量显著减少，化学需氧量、二氧化硫排放分别减少8%，氨氮、氮氧化物排放分别减少10%。森林覆盖率提高到21.66%，森林蓄积量增加6亿立方米。

人民生活持续改善。全国总人口控制在13.9亿人以内。人均预期寿命提高1岁，达到74.5岁。城镇居民人均可支配收入和农村居民人均纯收入分别年均增长7%以上。新型农村社会养老保险实现制度全覆盖，城镇参加基本养老保险人数达到3.57亿人，城乡三项基本医疗保险参保率提高3个百分点。城镇保障性安居工程建设3600万套。贫困人口显著减少。

社会建设明显加强。覆盖城乡居民的基本公共服务体系逐步完善。全民族思想道德素质、科学文化素质和健康素质不断提高。社会主义民主法制更加健全，人民权益得到切实保障。文化事业加快发展，文化产业占国民经济比重明显提高。社会管理制度趋于完善，社会更加和谐稳定。

改革开放不断深化。财税金融、要素价格、垄断行业等重要领域和关键环节改革取得明显进展，政府职能加快转变，政府公信力和行政效率进一步提高。对外开放广度和深度不断拓展，互利共赢开放格局进一步形成。

表5.1 "十二五"时期经济社会发展主要指标

指标	2010年	2015年	年均增长（%）	属性
国内生产总值（万亿元）	39.8	55.8	7	预期性
城镇化率（%）	47.5	51.5	【4】	预期性
九年义务教育巩固率（%）	89.7	93	【3.3】	约束性
研究与试验发展经费支出占国内生产总值比重（%）	1.8	2.2	【0.4】	预期性
耕地保有量（亿亩）	18.18	18.18	【0】	约束性
单位国内生产总值能源消耗降低（%）			【16】	约束性
单位国内生产总值二氧化碳排放降低（%）			【17】	约束性
森林覆盖率（%）	20.36	21.66	【1.3】	约束性
城镇居民人均可支配收入（元）	19109	大于26810	大于7	预期性
农村居民人均纯收入（元）	5919	大于8310	大于7	预期性

指标	2010年	2015年	年均增长（％）	属性
城镇登记失业率（％）	4.1	大于5		预期性
城镇新增就业人数（万人）			【4500】	预期性
城镇参加基本养老保险人数（亿人）	2.57	3.57	【1】	约束性
城乡三项基本医疗保险参保率（％）			【3】	约束性
全国总人口（万人）	134100	小于139000	小于7.2‰	约束性
人均预期寿命（岁）			【1】	预期性

注：① 国内生产总值和城乡居民收入绝对数按2010年价格计算，增长速度按可比价格计算；② 【】内为五年累计数；③ 城乡三项基本医疗保险参保率指年末参加城镇职工基本医疗保险、城镇居民基本医疗保险和新型农村合作医疗的总人数与年末全国总人口之比；④ 城乡居民收入增长按照不低于国内生产总值增长预期目标确定，在实施中要努力实现和经济发展同步。

按照"十二五"规划纲要，"十二五"期间，国内生产总值年均增长7%；城镇居民人均可支配收入和农村居民人均纯收入年均实际增长超过7%。而在"十一五"规划纲要中，相应的目标分别是7.5%和5%。经济增长预期目标相对降低，而城镇居民人均可支配收入和农村居民人均纯收入年均增长目标显著提高，这"一降一升"清晰体现了科学发展的意图，意味着中国的发展更加注重全面、协调、可持续。两个7%意味着，"十二五"期间，发展仍然是解决所有问题的关键。中国仍然是一个发展中国家，仍处于并将长期处于社会主义初级阶段的基本国情没有变。

全面建成小康社会的新部署

2020年全面建成的小康社会，是发展改革成果真正惠及十几亿人口的小康社会，是经济、政治、文化、社会、生态文明全面发展的小康社会，是为实现社会主义现代化建设宏伟目标和中华民族伟大复兴奠定坚实基础的小康社会。根据五位一体总体布局，全面建成小康社会的目标从五方面进行充实和完善。

一是经济持续健康发展。在全面建成小康社会的进程中，发展仍是解决中国所有问题的关键。经济持续健康发展要求体现在六方面：第一，转变经济发展方式取得重大进展；第二，在发展平衡性、协调性、可持续性明显增强的基础上，实现两个"倍增"，即国内生产总值和城乡居民人均收入比2010年翻一番；第三，通过增强创新驱动发展新动力，使科技进步对经济增长的贡献率大幅上升，进入创新型国家行列；第四，通过构建现代产业发展新体系，促进工业化、信息化、城镇化、农业现代化同步发展，使工业化基本实现，信息化水平大幅提升，城镇化质量明显提高，农业现代化和社会主义新农村建设成效显著；第五，通过继续实施区域总体发展战略，充分发挥各地区比较优势，区域协调发展机制基本形成；第六，通过培育开放型经济发展新优势，使对外开放水平进一步提高，中国经济的国际竞争力明显增强。

二是人民民主不断扩大。改革开放以来，总结社会主义民主正反两方面经验，强调人民民主是社会主义的生命，始终坚持党的领导、人民当家做主、依法治国有机统一，始终把政治体制改革摆在改革发展全局的重要位置，为实现最广泛的人民民主确立了正确方向，为经济社会发展提供了有力政治保障。推进政治体制改革、加强政治建设，总的就是要发展更加广泛、更加充分、更加健全的人民民主，使民主制度更加完善、民主形式更加丰富，人民积极性、主动性、创造性进一步发挥；更加注重发挥法治在国家治理和社会管理中的重要作用，维护国家法制统一、尊严、权威，实现依法治国基本方略全面落实，法治政府基本建成，司法公信力不断提高，人权得到切实尊重和保障。

三是文化软实力显著增强。全面建成的小康社会，是物质文明和精神文明全面发展的小康社会和社会主义现代化。无论是推动经济社会发展，还是改善民生、促进社会和谐，都必须推动社会主义文化大发展大繁荣，提高国家文化软实力，发挥文化引领风尚、教育人民、服务社会、推动发展的作用。第一，社会主义核心价值体系是兴国之魂，决定着中国特色社会主义发展方向，必须使之深入人心；第二，全面提高公民道德素质是社会主义道德建设的基本任务，必须坚持依法治国和以德治国相结合，使公民文明素质和社会文明程度明显提高；第三，让人民享有健康丰富的精神文化生活，是全面建设小康社会的重要内容，必须实现文化产品更加丰富，公共文化服务体系基本建成，文化产业成为国民经济支柱性产业；第四，文化越来越成为国际竞争力的重要元素，要不断增强中华文化国际影响力，必须使中华文化走出去迈出更大步伐。

四是人民生活水平全面提高。在经济发展基础上使人民物质文化生活水平全面提高，是改革开放和社会主义现代化的根本目的，是扩大消费、促进经济发展的根本动力，也是保持社会稳定、促进社会和谐的重要保证，体现了人民群众对美好生活的新期待。第一，基本公共服务均等化总体实现，这是人民生活水平全面、普遍提高的重要标志；第二，全民受教育程度和创新人才培育水平明显提高，进入人才强国和人力资源强国行列，教育现代化基本实现，这是实现人的全面发展的基础；第三，就业更加充分，这是民生之本得到保障的具体体现；第四，收入分配差距缩小，中等收入群体持续扩大，扶贫对象大幅减少，这是发展改革成果惠及全体人民的

"我的中国梦"

近年来，新疆哈密市始终坚持工业反哺农业，城市带动农村，城乡一体化发展，让广大农牧民都能享受到经济发展带来的成果，2012年，农牧民人均收入达8510元。2013年4月22日，新疆哈密市团委组织青年农牧民开展了"我的中国梦"主题实践活动，来自农牧区60多名各族青年农牧民参加了活动。（蔡增东摄／人民图片）

重要体现；第五，社会保障全民覆盖，人人享有基本医疗卫生服务，住房保障体系基本形成，这是实现老有所养、住有所居、病有所医的必然要求；第六，社会和谐稳定，这是人民安居乐业的必要前提。

五是资源节约型、环境友好型社会建设取得重大进展。推动形成人与自然和谐发展现代化建设新格局，是保持经济持续健康发展、提高人民生活质量、促进社会和谐稳定的必然要求。在推动经济社会发展的同时，生态文明建设必须在以下四方面取得明显成效：一要优化国土空间开发格局，使主体功能区布局基本形成；二要全面促进资源节约，初步建立资源循环利用体系；三要加大自然生态系统和环境保护力度，单位国内生产总值能源消耗和二氧化碳排放大幅下降，主要污染物排放总量显著减少；四要实施重大生态修复工程，实现森林覆盖率提高，生态系统稳定性增强，人居环境明显改善。

中共十八大以来的新举措

中共十八大以来，习近平总书记提出了"打铁还需自身硬"、"老虎苍蝇一起打"、"有案必查、有腐必惩"等反腐倡廉的重要观点。面对新形势、新问题，中央提出了多项新举措：第一，严格执行反腐倡廉新规定；第二，集中解决形式主义、官僚主义、享乐主义和奢靡之风这"四风"问题；第三，建立健全党内监督，不管涉及到谁，坚持用制度管党的方针，并不断建立健全党内监督制度。不断完善《关于实行党风廉政建设责任制的规定》等相关制度，形成对权力运行的全方位、多层次、立体化的监督制约体系。

民主政治和政治体制改革的新举措主要包括以下几个方面：第一，发展社会主义政治文明的"三个更加注重"。要更加注重改进党的领导方式和执政方式，保证党领导人民有效治理国家；更加注重健全民主制度、丰富民主形式，保证人民依法实行民主选举、民

中国（上海）自由贸易试验区，是中国大陆境内第一个自由贸易区，于
2013年9月29日正式挂牌成立。图为挂牌仪式现场。

主决策、民主管理、民主监督；更加注重发挥法治在国家治理和社会管理中的重要作用，维护国家法制统一、尊严、权威，保证人民依法享有广泛权利和自由。第二，支持人大及其常委会充分发挥国家权力机关作用，依法行使立法、监督、决定、任免等职权，加强立法工作组织协调，加强对"一府两院"（人民政府、人民检察院、人民法院）的监督，加强对政府全口径预算决算的审查和监督。第三，健全社会主义协商民主制度。完善协商民主制度和工作机制，推进协商民主广泛、多层、制度化发展。第四，基层群众自治要"以扩大有序参与、推进信息公开、加强议事协商、强化权力监督为重点，拓宽范围和途径，丰富内容和形式，保障人民享有更多更切实的民主权利"。第五，推进依法行政，切实做到严格规范公正文明执法，到2020年实现"法治政府基本建成"的目标。第六，优化行政层级和行政区划设置，有条件的地方可探索省直接管理县（市）改革，深化乡镇行政体制改革。创新行政管理方式，提高政府公信力和执行力，推进政府绩效管理。第七，坚持科学决策、民主决策、依法决策，健全决策机制和程序，发挥思想库作用，建立健全决策问责和纠错制度。第八，要高举爱国主义、社会主义旗帜，巩固统一战线的思想政治基础，正确处理一致性和多样性的关系。

经济发展方式转变规模。由外延型经济增长向内涵型经济增长转变，由外向型经济增长向内需型经济增长转变，由主要依赖国际资本向培育壮大本土资本转变。中国政府传递出淡化GDP考核的信号，更加注重以人为本、民生改善、统筹兼顾、产业升级、技术创新和绿色经济，努力遏制经济发展中的政绩冲动。优化税制结构，公平税收负担，规范收入分配秩序的财税体制改革和收入分配调整，也已经拉开大幕。资源价格、行政管理、医药卫生、财政金融等重要领域和关键环节的改革，逐步推进。

2013年的中央一号文件仍旧关注"三农"问题。提出要加快现代农业，确保国家粮食安全和主要粮食供给，现代农业和粮食安全主要农产品有效供给；深化农村经济体制改革，创新经营体系有效步伐；推进城乡公共服务一体化和创新农村社会管理体制方面有新的进展。

中国距全面建成小康社会还有多远

共同富裕是实现经济增长和全面建成小康社会的前提。全面建成小康社会就需要在继续鼓励发达地区率先实现现代化的同时，加快欠发达地区的发展；在继续鼓励一部分人通过勤劳致富合法经营率先走上富裕道路的同时，让更广大的劳动人口以更快的速度脱贫致富。只有坚持共同富裕的根本原则，真正实现贫困地区贫困人口的脱贫致富，才能完成全面建成小康社会的重大任务。当前，在实现共同富裕进程中存在的问题不少，到2011年底，中国还有1亿多的农村人口生活在年纯收入2300元的最低贫困线以下，还有2000多万城市居民依靠各种救济和低保生活，目前中国贫困人口数量相当于美国总人口的一半，比英国和法国人口总和还多，而且大多数农村贫困人口分布在自然条件相对恶劣的深山区，劳动者文化教育素质相对偏低，脱贫难度大。

辽宁省葫芦岛市四家村党支书张文成描述了基层农村的民生新难点。他说，"比如，村里基础服务设施仍然欠账太多，大村屯里垃圾谁来清、消防谁来管，是不是也该建新的卫生院、养老院，这都是问题，农民基本生活水平达标了，但生活质量还想再上台阶，这是很大的挑战……"

民盟中央原副主席吴正德说，领导人注意到了中国今后仍有数亿人口生活在农村，因此在推进城镇化时，必须坚持农业生产方式和农村生活方式的现代化，才能缩小城乡差距。这是中国国情下的大课题。

中国国家统计局2000年11月发布了《中国小康进度综合分析报告》，根据中国提出的小康标准，其中提到：到20世纪末，全国74.84%的人口达到小康水平，12.82%的人口接近小康水平，12.34%的人口离小康水平还有较大差距。

表5.2 2000~2010年中国全面建设小康社会及在6大方面的实现程度

单位：%

	2000	2001	2002	2003	2004	2005	2006	2007	2008	2009	2010
全面建设小康社会	59.6	60.7	61.8	63.0	64.8	67.2	69.9	72.8	74.7	77.5	80.1
经济发展	50.3	52.2	54.4	56.3	58.2	60.6	63.4	66.6	69.1	73.1	76.1
社会和谐	57.5	59.6	57.1	56.3	59.9	62.8	67.6	72.1	76.0	77.7	82.5
生活质量	58.3	60.7	62.9	65.5	67.7	71.5	75.0	78.4	80.0	83.7	86.4
民主法制	84.8	82.6	82.5	82.4	83.7	85.6	88.4	89.9	91.1	93.1	93.6
文化教育	58.3	59.1	60.9	61.8	62.2	63.0	64.1	65.3	64.6	66.1	68.0
资源环境	65.4	64.6	66.3	67.2	67.7	69.5	70.6	72.6	75.2	76.8	78.2

资料来源：《中国全面建设小康社会进程统计监测报告》（2011），《调研世界》2011年第12期。

尽管中国在小康社会建设方面取得了突出的成就，但依然存在着不少问题。30多年改革开放创造了"中国奇迹"，但正如邓小平指出的，"发展起来以后的问题一点不比不发展时少"。当代中国面临的问题表现在以下方面：一是GDP世界第二，但人均水平较低。2012年，中国GDP总量达到50多万亿元，但人均GDP在国际上排在第100名左右，人均收入不到美国的1/30。二是经济保持两位数高速增长，但结构问题突出。2003～2011年，中国国内生产总值年均实际增长10.7%。但国内消费不足、出口依赖严重、投资过度旺盛等结构性问题依然突出。三是环境资源约束日趋强化。2011年，中国能源生产总量达到31.8亿吨标准煤，已超过美国成为全球最大的能源生产国和能源消费国。但由于高投入、高物耗、高耗能产业比重过大，中国GDP单位能源消耗水平在世界仅排第134名。四是成为最大出口国，但仍处全球产业链低端。2011年，中国出口总额达到18986亿美元，连续三年成为世界第一出口大国。但在国际产业分工中，中国制造业长期被锁定在价值链的低端环节。由于技术创新能力不足，中国制造业增加值率仅为26.6%，比美、日、德等发达国家分别低23、22、12个百分点。五是外汇储备第一，但外部环境遭受"双重挤压"。2011年底，中国外汇储备已超过3万亿美元，对外净资产达到17747亿美元，均居世界第一。同时，自2000年以来，中国一直是遭受反倾销和反倾销调查最多的国家。中国的经济发展受到了来自美欧国家发展高端产业的"挤压"和新兴发展中国家发展低端产业的"挤出"的"双重挤压"效应。六是城乡结构实现历史性转变，但区域和城乡发展差距仍然很大。2011年，中国城镇化率首次突破50%，达到51.3%，城乡结构发生历史性变化。但2011年全国城乡居民收入差距为3.13:1；中国基尼系数已经突破0.5，越过0.4的国际警戒线，高于所有发达国家和大多数发展中国家。七是社会事业投入逐渐加大，但社会建设仍需加强。2003至2011年，全国财政用于教育、医疗卫生、社会保障和就业、保障性住房等方面的支出累计达16.47万亿元。然而，从社会建设的需要来说，中国公共资源的投入仍然不足。2010年中国各级财政对教育、医疗卫生、社会保障与就业以及住房等方面的财政投入加在一起，只占到GDP总量的7.19%，而同期欧盟27国在这方面的平均财政投入占其GDP的三分之一以上。

现在的中国正稳步扎实地推进小康社会建设。2013年11月，中共十八届三中全会通过《中共中央关于全面深化改革若干重大问题的决定》。《决定》指出："实践发展永无止境，解放思想永无止境，改革开放永无止境。面对新形势新任务，全面建成小康社会，进而建成富强民主文明和谐的社会主义现代化国家、实现中华民族伟大复兴的中国梦，必须在新的历史起点上全面深化改革，不断增强中国特色社会主义道路自信、理论自信、制度自信。"《决定》对全面深化改革作出总体部署。在经济体制改革方面，强调坚持和完善基本经济制度，增强国有经济活力，激发非公有经济的活力和创造力；加快完善现代市场体系，建立城乡统一建设用地市场；深化财税体制改革，稳定税负、事权和支出责任相适应；构建开放型经济新体制，放宽投资准入，加快自贸区建设；健全城乡发展一体化体制机制，赋予农民更多财产权。在政治体制改革方面，加快转变政府职能，建设法治政府和服务型政府；加强社会主义政治制度建设，推动人民代表大会制度与时俱进；推进法治中国建设，深化司法体制改革；强化权力运行制约和监督体系。在文化体制改革方面，推进文化体制机制创新。在社会建设方面，加快社会事业改革创新，深化教育、就业、收入、社保、医药体制改革；创新社会治理体制。在生态文明建设方面，加强生态文明制度建设。

《决定》强调："全面深化改革的总目标是完善和发展中国特色社会主义制度，推进国家治理体系和治理能力现代化。必须更加注重改革的系统性、整体性、协同性，加快发展社会主义市场经济、民主政治、先进文化、和谐社会、生态文明，让一切劳动、知识、技术、管理、资本的活力竞相迸发，让一切创造社会财富的源泉充分涌流，让发展成果更多更公平惠及全体人民。"《决定》指明了全面深化改革的航向，对实现全面建成小康社会具有里程碑意义。中国小康社会建设将沿着全面深化改革的路线图继续前行。